本书由
中央高校建设世界一流大学（学科）
和特色发展引导专项资金
资助

中南财经政法大学"双一流"建设文库

中｜国｜经｜济｜发｜展｜系｜列｜

上市公司股利政策的
影响因素与优化机制研究

袁天荣　著

中国财经出版传媒集团

经济科学出版社

Economic Science Press

图书在版编目（CIP）数据

上市公司股利政策的影响因素与优化机制研究/袁天荣著.
—北京：经济科学出版社，2020.5
（中南财经政法大学"双一流"建设文库）
ISBN 978 - 7 - 5218 - 1587 - 0

Ⅰ.①上…　Ⅱ.①袁…　Ⅲ.①上市公司 - 股利政策 -
研究 - 中国　Ⅳ.①F279.246

中国版本图书馆 CIP 数据核字（2020）第 081442 号

责任编辑：孙丽丽　纪小小
责任校对：齐　杰
版式设计：陈宇琰
责任印制：李　鹏　范　艳

上市公司股利政策的影响因素与优化机制研究
袁天荣　著
经济科学出版社出版、发行　新华书店经销
社址：北京市海淀区阜成路甲 28 号　邮编：100142
总编部电话：010 - 88191217　发行部电话：010 - 88191522
网址：www.esp.com.cn
电子邮箱：esp@esp.com.cn
天猫网店：经济科学出版社旗舰店
网址：http://jjkxcbs.tmall.com
北京密兴印刷有限公司印装
787 × 1092　16 开　14.5 印张　240000 字
2020 年 12 月第 1 版　2020 年 12 月第 1 次印刷
ISBN 978 - 7 - 5218 - 1587 - 0　定价：58.00 元
（图书出现印装问题，本社负责调换。电话：010 - 88191510）
（版权所有　侵权必究　打击盗版　举报热线：010 - 88191661
QQ：2242791300　营销中心电话：010 - 88191537
电子邮箱：dbts@esp.com.cn）

总　序

　　"中南财经政法大学'双一流'建设文库"是中南财经政法大学组织出版的系列学术丛书，是学校"双一流"建设的特色项目和重要学术成果的展现。

　　中南财经政法大学源起于1948年以邓小平为第一书记的中共中央中原局在挺进中原、解放全中国的革命烽烟中创建的中原大学。1953年，以中原大学财经学院、政法学院为基础，荟萃中南地区多所高等院校的财经、政法系科与学术精英，成立中南财经学院和中南政法学院。之后学校历经湖北大学、湖北财经专科学校、湖北财经学院、复建中南政法学院、中南财经大学的发展时期。2000年5月26日，同根同源的中南财经大学与中南政法学院合并组建"中南财经政法大学"，成为一所财经、政法"强强联合"的人文社科类高校。2005年，学校入选国家"211工程"重点建设高校；2011年，学校入选国家"985工程优势学科创新平台"项目重点建设高校；2017年，学校入选世界一流大学和一流学科（简称"双一流"）建设高校。70年来，中南财经政法大学与新中国同呼吸、共命运，奋勇投身于中华民族从自强独立走向民主富强的复兴征程，参与缔造了新中国高等财经、政法教育从创立到繁荣的学科历史。

　　"板凳要坐十年冷，文章不写一句空"，作为一所传承红色基因的人文社科大学，中南财经政法大学将范文澜和潘梓年等前贤们坚守的马克思主义革命学风和严谨务实的学术品格内化为学术文化基因。学校继承优良学术传统，深入推进师德师风建设，改革完善人才引育机制，营造风清气正的学术氛围，为人才辈出提供良好的学术环境。入选"双一流"建设高校，是党和国家对学校70年办学历史、办学成就和办学特色的充分认可。"中南大"人不忘初心，牢记使命，以立德树人为根本，以"中国特色、世界一流"为核心，坚持内涵发展，"双一流"建设取得显著进步：学科体系不断健全，人才体系初步成型，师资队伍不断壮大，研究水平和创新能力不断提高，现代大学治理体系不断完善，国际交流合作优化升级，综合实力和核心竞争力显著提升，为在 2048 年建校百年时，实现主干学科跻身世界一流学科行列的发展愿景打下了坚实根基。

"当代中国正经历着我国历史上最为广泛而深刻的社会变革，也正在进行着人类历史上最为宏大而独特的实践创新"，"这是一个需要理论而且一定能够产生理论的时代，这是一个需要思想而且一定能够产生思想的时代"①。坚持和发展中国特色社会主义，统筹推进"五位一体"总体布局和协调推进"四个全面"战略布局，实现"两个一百年"奋斗目标、实现中华民族伟大复兴的中国梦，需要构建中国特色哲学社会科学体系。市场经济就是法治经济，法学和经济学是哲学社会科学的重要支撑学科，是新时代构建中国特色哲学社会科学体系的着力点、着重点。法学与经济学交叉融合成为哲学社会科学创新发展的重要动力，也为塑造中国学术自主性提供了重大机遇。学校坚持财经政法融通的办学定位和学科学术发展战略，"双一流"建设以来，以"法与经济学科群"为引领，以构建中国特色法学和经济学学科、学术、话语体系为己任，立足新时代中国特色社会主义伟大实践，发掘中国传统经济思想、法律文化智慧，提炼中国经济发展与法治实践经验，推动马克思主义法学和经济学中国化、现代化、国际化，产出了一批高质量的研究成果，"中南财经政法大学'双一流'建设文库"即为其中部分学术成果的展现。

文库首批遴选、出版二百余册专著，以区域发展、长江经济带、"一带一路"、创新治理、中国经济发展、贸易冲突、全球治理、数字经济、文化传承、生态文明等十个主题系列呈现，通过问题导向、概念共享，探寻中华文明生生不息的内在复杂性与合理性，阐释新时代中国经济、法治成就与自信，展望人类命运共同体构建过程中所呈现的新生态体系，为解决全球经济、法治问题提供创新性思路和方案，进一步促进财经政法融合发展、范式更新。本文库的著者有德高望重的学科开拓者、奠基人，有风华正茂的学术带头人和领军人物，亦有崭露头角的青年一代，老中青学者秉持家国情怀，述学立论、建言献策，彰显"中南大"经世济民的学术底蕴和薪火相传的人才体系。放眼未来、走向世界，我们以习近平新时代中国特色社会主义思想为指导，砥砺前行，凝心聚

---

① 习近平：《在哲学社会科学工作座谈会上的讲话》，2016 年 5 月 17 日。

力推进"双一流"加快建设、特色建设、高质量建设，开创"中南学派"，以中国理论、中国实践引领法学和经济学研究的国际前沿，为世界经济发展、法治建设做出卓越贡献。为此，我们将积极回应社会发展出现的新问题、新趋势，不断推出新的主题系列，以增强文库的开放性和丰富性。

"中南财经政法大学'双一流'建设文库"的出版工作是一个系统工程，它的推进得到相关学院和出版单位的鼎力支持，学者们精益求精、数易其稿，付出极大辛劳。在此，我们向所有作者以及参与编纂工作的同志们致以诚挚的谢意！

因时间所囿，不妥之处还恳请广大读者和同行包涵、指正！

中南财经政法大学校长

前　言

　　股利分配政策是公司重要的财务政策之一，是现代财务理论研究的重要领域。长期以来，我国上市公司"重融资、轻分配"，上市公司低分红乃至不分红，使得股权融资成为"免费的午餐"，损害了中小投资者利益，影响了我国资本市场资源的优化配置。

　　近二十年来，中国证券监督管理委员会（以下简称"证监会"）陆续出台并不断调整规范上市公司分红的"半强制分红政策"（2001；2004；2006；2008；2010；2012；2013），上市公司现金分红弊端不但未见消除还裹挟如现金股息率偏低、分红行为行业与板块倒置、缺乏分红战略规划等新的弊端。对此，政府监管部门不仅在政策上进行多方协调，细化上市公司现金分红指引（上海证券交易所，2013），调整股息红利税政策（财政部、国家税务总局，2005；2013），而且大力推进资本市场基础性制度建设，包括股权分置改革、高管股权激励、机构投资者培育和投资者保护等。因此，研究宏观监管衍变和微观制度变迁对上市公司分红政策的影响，不仅可以充分挖掘和有效发挥上市公司管理层、控股股东在分红决策中的积极治理作用，为完善政府监管重点和改进监管方法提供经验证据，而且有助于构建宏观外部监管和微观内部治理耦合的公司分红优化机制。

　　本书主要研究结论与启示是：

　　（1）我国上市公司现金股利分配政策的外部政府监管具有现实合理性，监管政策对"现金股利增加"起到了正向影响，"适度强制"是必要的，外部监管应与公司内部治理机制"对接"。

　　（2）股息红利税政策调整对我国上市公司股利分配政策具有一定的影响效应，但并没有改变税负不公以及消除股息收入重复征税的现象，未来我国股息红利税政策调整应秉承"让利于投资者"的宗旨，甚至可以取消股息红利税。

— 1 —

（3）健全公司现金股利分配内部治理是理顺我国上市公司股利分配政策的关键。本书得出的经验证据表明，高管激励契约的设计、股份全流通后控股股东利益取向的变化、机构投资者的积极介入对我国上市公司股利分配政策都产生了极大的影响。应寻求适当的外部监管政策引导公司高管、控股股东、机构投资者在股利分配决策中兼顾企业可持续发展、中小股东利益，制定科学、可持续的股利分配政策，实现公司长期利益的最大化。

（4）上市公司股利分配的外部监管与内部治理优化机制的核心是，外部监管与公司微观特征的"对接融合机制"、高管报酬契约与股利政策的"内在联动机制"、控股股东行为监管与股利政策的"良性互动机制"、机构投资者在股利分配政策中的"监督治理机制"。实施该机制的支撑体系包括推进与实施上市公司股利政策的监管规则，规范与完善上市公司股利政策的信息披露，理顺与运行股利政策的决策机制，以及主流媒体的适度监督。

本书研究创新主要体现在：①从股利分配政策的内部治理与外部监管融合视角探索了股利政策效应及行为偏好。②实证研究了公司高管、控股股东、机构投资者对股利分配政策的影响机理与治理效应。③创新性地构建了我国上市公司现金股利分配政策的外部监管与内部治理优化机制。④通过事件研究法、DID 模型等多种实证方法对相关结论进行了系统论证。

由于研究能力、资料取得、研究时间等限制，本书尚存在以下不足：一是未考虑高管薪酬激励与在职消费中的"隐性"薪酬激励，这些对股利政策也有一定的影响。二是未将上市公司股利分配的外部监管与内部治理优化机制细化为可操作、多角度、多层面的政策指引，因而不能给政府监管部门的政策制定带来直接借鉴。以上研究局限为我们后续的学术研究指明了方向。

本书是在国家社会科学基金一般项目"上市公司分红的外部监管与内部治理耦合研究"的研究成果基础上形成的。杨宝、黄维娜、赵晴、许如俊、赵杰、黄萍萍、王霞等进行了文献资料的收集整理工作，在此一并致谢！

目 录

第一章
导　论

第一节　选题背景与研究意义

　　股利分配政策是公司重要的财务政策之一，是现代财务理论研究的重要领域，而"股利之谜"是财务学理论经过几十年的发展而未能圆满解决的财务难题之一。长期以来，我国上市公司"重融资、轻分配"，上市公司低现金分红、不现金分红现象严重，使得股权融资成为"免费的午餐"，严重损害了中小投资者利益，严重影响了我国资本市场的资源配置功能。为了完善资本市场功能，改变现金分红状况，我国政府监管部门非常重视对上市公司分红行为的监管与引导。近二十年来，中国证券监督管理委员会（以下简称"中国证监会"）、国务院国有资产监督管理委员会（以下简称"国资委"）等部门陆续出台系列规范引导上市公司分红的"半强制分红政策"（2001；2004；2006；2008；2010；2012；2013）；财政部、国家税务总局等也在 2005 年出台股息红利税"减半征收"、2013 年股息红利税"差别化征收"政策；国资委（2012）鼓励上市中央企业建立符合价值投资理念的分红机制；上海证券交易所（2013）出台《上海证券交易所上市公司现金分红指引》细化了分红要求。而且在股权分置改革、高管股权激励、机构投资者培育和投资者保护等资本市场基础性制度建设方面都有重大推进。上述宏观监管衍变和微观制度变迁对公司分红政策的影响为本书研究提供了契机。

　　本书以管制理论、公司治理理论、委托代理理论、利益相关者治理理论等为基础，从外部监管与公司内部治理机制"对接"的独特视角，探寻我国上市公司分红机制的优化策略。本书首先以"半强制分红政策"、红利税政策变迁为切入点，检验外部监管对股利政策的影响；其次以控股股东、高管激励、机构投资者介入为切入点，检验内部治理机制对股利政策的影响；最后在理论研究和相关实证经验证据的基础上，从"外部监管与企业内部财务特征的对接、高管报酬的内在联动、控股股东的良性互动、机构投资者的监督治理"四个维度构建我国上市公司股利分配的优化机制，并进一步阐述股利分配政策优化机制的运行目标、实施关键、支撑体系、运行思路等。

本书的研究意义体现在：（1）研究"半强制分红政策"实施效果，为完善监管重点和改进监管方法提供经验证据；（2）充分发挥上市公司管理层、控股股东在分红决策中的积极治理作用；（3）为机构投资者参与公司分红治理提供经验证据；（4）有助于构建宏观外部监管和微观内部治理耦合的公司分红优化机制；（5）拓展和深化我国股利政策理论的研究。

第二节　研究内容与研究思路

一、研究内容

在我国资本市场的制度背景下，要促使公司分红行为趋于理性化，需要从宏观监管环境与微观公司治理有效结合的层面寻求解决问题的措施。短期内应以外部监管为主导，外部监管引导内部治理、外部监管引导"分红文化"的建立；待上市公司内部治理机制优化后，外部监管可逐步"淡出"。鉴于此，本书选取公司分红外部监管与内部治理耦合的独特视角，探究上市公司现金分红的优化策略。

本书的研究内容包括文献评述、理论基础与制度背景分析、经验证据的获取以及优化机制的提出等，主要研究内容可概括为以下四个专题。

1. 特殊制度背景对股利政策的影响机理

本书运用管制理论、公司治理理论、委托代理理论、利益相关者治理理论分析我国转型经济背景下政府外部监管、公司内部治理变迁对上市公司股利政策优化机制的影响机理。（1）从股利分配的外部监管方面研究"半强制分红政策""股息红利税政策"的实施动因、变迁特征、监管机理与监管效应。（2）从股利分配的内部治理方面，研究股份全流通、管理层激励制度变迁、机构投资者积极介入等引起的公司控股股东、高管、机构投资者影响股利政策的内在机理。（3）探讨我国上市公司股利政策外部监管与内部治理耦合的优化机制的必要性、可行性。

2. 外部政府监管对股利政策的影响

本书实证研究外部监管政策对上市公司分红的影响效应。（1）"半强制分红政策"变迁、公司分红行为与再融资动机。检验"半强制分红政策"将再融资资格与分红挂钩的情况下，具有配股、增发动机的公司再融资前是否有明显的迎合"明线监管"的动机，融资后是否一如既往的积极。（2）半强制分红监管变迁、公司分红与投资者利益保护。检验随着"半强制分红政策"的强化，公司分红行为、投资者的分红权益是否显著改善；"半强制分红政策"是否有助于资本市场"分红文化"的形成。（3）红利税调整、市场反应与公司分红。检验"差别化红利税征收政策"（2013）调整的预期是否实现。

3. 公司内部治理对股利政策的影响

本书实证研究上市公司内部治理机制改善对现金分红的影响。（1）全流通、控股股东代理问题与公司分红。检验在全流通背景下，控股股东与中小股东利益趋于一致，控股股东在公司分红决策中的动机是否从"利益侵占"向"利益共享"成功转变。（2）管理层激励制度、管理层代理问题与公司分红。检验公司高管层显性激励（货币薪酬、股票期权）、隐性激励与现金分红的敏感性联系，激励制度能否"绑定"高管与股东的利益，使得管理层在分红决策中顾及中小投资者利益。（3）机构投资者介入、代理问题缓解与公司分红。检验证券投资基金、合格的境外机构投资者（QFII）、保险基金、社保基金等机构投资者积极介入上市公司治理，是否发挥了"积极投资者"的监督效应，是否有效缓解两类代理问题，并带来公司分红的改善。

4. 公司分红的外部监管与内部治理耦合优化机制的构建

本书结合理论研究和经验证据，构建以股利政策优化为目标的外部监管与内部治理耦合机制。该机制的内容有：（1）优化机制的关键。外部监管应结合行业、利润与现金流状况、生命周期等企业微观特征；外部监管应将引导分红与高管激励契约设计、控股股东行为监管、机构投资者介入规则等内部治理机制挂钩。（2）优化机制的支撑体系。一是分红监管规则的推进与实施；二是分红信息披露的规范与完善；三是分红决策机制的理顺与运行；四是分红媒体监督的适度介入。（3）优化机制的运行目标。分红行为从"强制管制"—"相机管制"—"自发理性"的逐步转变。（4）优化机制的实施思路。短期以外部监管主导，监管规则尽量细化和具有一定程度的强制性；中期以外部监管引导分红内部治理；最终，待上市公司内部治理理顺后外部监管逐步"淡出"。

二、研究思路

本书的研究思路是，首先以管制理论、公司治理理论、委托代理理论、利益相关者治理理论等为基础，分析我国转型经济背景下政府监管政策、公司内部治理机制变迁对上市公司现金分红的影响；其次，实证分析现有的外部监管措施与公司内部治理对公司分红的影响，以提供经验证据；最后，构建以优化上市公司分红为目标的外部监管与内部治理耦合机制。逻辑思路如图1-1所示。

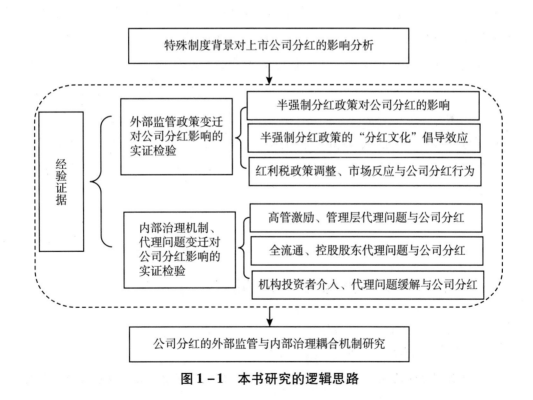

图1-1 本书研究的逻辑思路

第三节 研究方法

本书将主要采用实证会计的主流研究方法，同时结合使用制度背景分析、制度比较分析、归纳演绎等规范方法。运用托比特回归法（TOBIT）等检验外部监管的效应，运用 TOBIT 回归、双重差分模型（DID）、两阶段回归方法（2SLS）等检验内部治理变迁对公司分红的影响。同时，结合使用制度背景分析、政策分析、归纳演绎等规范方法，研究制度背景对公司分红的影响机理，以及外部监管与内部治理的耦合机制。具体来说，第一、第二、第八章采用了政策研究、比较研究、归纳演绎等规范研究方法。第三章"半强制分红政策"对股利政策的影响，采用的规范研究方法是政策研究法，实证研究方法是双重差分模型（DID）、配对样本检验、分段回归。第四章股息红利税政策调整对股利政策的影响，采用的规范研究方法是政策研究和比较研究，实证研究方法是事件研究方法、Tobit 回归。第五章高管激励对股利政策的影响，采用的实证分析方法是模型演绎、Tobit 回归。第六章控股股东代理问题对股利政策的影响，采用了分阶段 Tobit 回归、Logit 回归的实证分析方法。第七章机构投资者对股利政策的影响，采用的实证分析方法是 Tobit 回归、Logit 回归、工具变量法等。

第四节 研究创新

本书的研究创新主要体现在以下方面：

1. 从股利分配政策的内部治理与外部监管融合视角探索了股利政策效应及行为偏好

我国上市公司现金分红的现实状况与转轨经济特征，决定了上市公司分红的外部政府监管具有必要性和合理性。本书的政策研究和实证研究验证了"半强制分红政策"、股息红利税政策调整等分红政策产生了明显的政策效应，有效改变了公司分红理念，倡导了公司"分红文化"，改善了市场总体分红状况，抑制了"重融资、轻回报"的不良风气。现金分红本属于公司内部财务决策的范畴，"一刀切"式的强制分红势必有"越俎代庖"之嫌。"半强制分红政策"的瑕疵显现出来，比如"一刀切"、诱发"钓鱼式分红"、过度干涉公司内部财务决策等。所以，长远来看，外部监管应逐步"淡出"，公司分红的优化应向内部治理回归，在分红的政策设计层面需要兼顾企业的微观财务特征。

2. 实证研究了公司高管、控股股东、机构投资者对股利分配政策的影响机理与治理效应

理顺上市公司分红内部治理是解决分红决策的关键。本书认为企业高管、控股股东、机构投资者这三大内部治理主体在分红决策中发挥了重要的治理作用。本书实证结果表明，高管激励契约的设计、股份全流通后控股股东利益取向的变化、机构投资者的积极介入对我国上市公司现金分红政策都产生了重大影响。高管报酬的结构设计对现金分红决策有联动作用；全流通后控股股东在现金分红决策中逐渐从"利益侵占"向"利益共享"转变；机构投资者在分红决策中的话语权越来越大，扮演了"中小股东代言人"的角色，是分红治理的内生动力。因此，应通过适当的外部监管政策引导公司高管、控股股东、机构投资者在制订分红决策方案时，兼顾企业可持续发展和中小股东利益，实现企业长期利益的最大化。

3. 创新性构建了我国上市公司股利分配政策的外部监管与内部治理优化机制

本书通过理论研究和经验研究发现，处于经济转轨时期的中国，解决上市公司分红决策这一难题，分红决策的政府外部监管介入是必要的，理顺内部分红的治理机制尤为重要和关键，两者不可偏废。本书从四个维度构建了我国上市公司股利分配政策的外部监管与内部治理优化机制。该机制的核心是外部监管与公司内部财务特征的"对接融合机制"、高管报酬契约与公司分红的"内在联动机制"、控股股东行为监管与公司分红的"良性互动机制"、机构投资者在公司分红中的"监督治理机制"。该机制实施思路是短期以外部监管为主导，监管规则尽量细化和具有一定程度的强制性；中期以外部监管引导分红内部治理；最终，待上市公司内部治理理顺后外部监管逐步"淡出"。该机制还需要配套建

立一定的支撑体系，包括：（1）分红监管规则的推进与实施；（2）分红信息披露的规范与完善；（3）分红决策机制的理顺与运行；（4）分红媒体监督的适度介入。

4. 通过事件研究法、DID 模型等多种实证方法对相关结论进行了系统性论证

以前研究大多采用多元线性回归模型研究股利政策的相关方面，但由于我国不分红上市公司众多，因变量具有"截尾"特征，采用模型回归可能存在偏差。因此，本书主要采用 TOBIT 回归予以克服。为了考察分红政策动态调整的影响效应，本书综合采用了双重差分模型（DID）、分阶段回归等多种计量方法。并且，在检验机构投资者是否提高了公司股利发放方面，本书采用了差分模型、工具变量法等手段以克服内生性对研究结论的影响。

本书研究的主要局限在于，虽然提出了上市公司分红外部监管与内部治理耦合机制的运行目标、支撑体系、运行思路等，但是限于篇幅和研究能力，未能将耦合机制细化为可操作、多角度、多层面的政策指引。同时，未考虑高管薪酬激励与在职消费中的"隐性"薪酬激励。以上研究缺憾将鼓励笔者在未来研究中逐步深入。

第二章
文 献 综 述

作为公司重要财务政策之一的现金股利政策，是财务学研究的经典领域，也是现代财务理论经过几十年的发展而未能最终解答的经典财务学难题之一。著名财务学者莫迪格利安尼和默顿·米勒（Modigliani and Miller，MM）公开发表了重要的学术论文《股利政策、增长和股票定价》①，该论文通过认真研究，严密推理和一系列的严格假定，提出了"股利与公司价值无关"的经典命题，拉开了学术界关于"股利与公司价值是否相关"争论的序幕。

莫迪格利安尼和默顿·米勒（MM）理论的"股利与公司价值无关"是股利理论研究的思想根基与理论基础。后来的财务学者们通过放宽莫迪格利安尼和默顿·米勒（MM）理论的假定条件，形成了一系列"股利与公司价值相关"的理论，不断地对"股利之谜"做出新的诠释。

到目前为止，已经形成了诸多公司股利政策方面的理论，包括信号假说、自由现金流量假说、代理成本假说、税收理论、股利行为理论、追随者效应假说、股利迎合理论、股利生命周期理论、法律保护假说等。这些理论都从不同的视角对公司股利政策行为做出了阐释。但是，"股利之谜"现象至今没有一个理论能够清楚完整的解释。

在制度背景独特的中国，股利政策的理论研究文献相当丰富，对实务中上市公司股利政策不稳定的原因也有深入的分析，但缺少对上市公司股利政策机制以及机制的优化研究。我国上市公司的股利政策内生于外部宏观监管与内部微观治理之中，转型经济下我国相关利润分配监管政策与上市公司内部治理机制的演变，都会对企业利润分配行为产生积极深刻的影响。

本书正是基于外部监管与公司内部治理机制"对接"的视角，探寻我国上市公司股利政策机制的优化方略。从现有文献的梳理情况来看，公司治理结构与股利政策相关研究、公司治理主体与股利政策相关研究、外部监管与股利政策相关研究、股利政策行为的财务学解释等方面的文献对本书有较大的借鉴价值。下面主要从这些方面进行文献综述和评价。

---

① Miller M. H. , Modigliani F. . Dividend Policy, Growth, and the Valuation of Shares. *The Journal of Business*, 1961, 34（4）: 411 - 433.

第一节 公司内部治理与股利政策

一、公司治理结构与股利政策

关于公司治理对现金股利政策的影响，已经有大量的研究文献和研究成果。这些研究显示完善的公司治理与公司现金股利政策正相关（Michaely and Roberts，2006）；但是，也有文献认为公司治理与现金股利政策负相关（Jiraporn and Ning，2006）。国外大多数文献研究的结论是公司治理与公司现金股利政策正相关。托德·米顿（Todd Mitton，2004）通过研究新兴市场中19个国家的365个公司数据发现，公司的股利支付率与公司治理水平正相关，而法律的完善程度进一步巩固了这种正向关系。克劳斯·古格勒（Klaus Gugler，2003）研究了736家变更股利公告的公司，结果发现股利支付率与第一大股东持股比例负相关，而与第二大股东持股比例正相关。为了深入研究公司治理结构，如所有权结构、控制权结构等对公司分红水平的影响，克劳斯·古格勒（2003）实证检验了澳大利亚1991~1999年上市公司的样本数据发现，家族控制的公司股利支付水平低于国家控制的公司，其通过分红进行"股利平滑"（dividend smooth）的目的不明显；而国家控制的上市公司更倾向于通过分红达到"股利平滑"的目的。

良好的公司治理机制有效协调了股东与高管之间的利益冲突，降低了代理成本，促使高管更愿意选择最佳的利润分配政策。吉瑞普恩等（Pornsit Jiraporn et al.，2011）采用大样本数据，设计了62个公司治理指标，其研究的结论是公司治理质量与股利支付率正相关，公司治理质量越好，股利支付率越高。朴胜等（Sung C. Bae et al.，2012）在研究股利政策时，将治理结构和文化一并纳入进行分析，并将文化维度细分为"不确定性的避免"（uncertainty-avoiding）、大男子主义（highly masculine）、长远倾向（highly long – term – oriented）三个指标，研究结果显示，公司现金分红水平与文化维度的三个指标显著负相关，与财务杠杆、增长率等治理指标显著负相关，与企业规模、投资者保护程度、税收优惠等治理指标显著正相关。

国内学者对公司治理与公司现金股利政策之间的关系进行了大量深入的研究，积累了丰富的文献资料，提供了大量的实证数据。国内文献倾向性的观点认为，公司现金股利支付率正相关于公司治理的完善程度。首次从公司治理角度研究现金分红行为的是陈信元、陈冬华、时旭（2003），他们研究了某照明公司的高额现金分红案例，认为该公司大股东利用"超额派现"转移公司的资金，为自己谋取私利。其主要原因是大股东大权独揽，公司治理结构非常不合理。吕长江、周县华（2005）的研究认为，现金股利支付率与股权集中度、高管薪酬、高管持股比例正相关，与第一大股东持股比例呈"U"型关系。罗宏（2006）的研究结论显示，公司治理较完善的公司倾向于派发更多的现金股利；控股股东、第二大股东持股比例较高、董事会规模大、独立董事占比高的公司更倾向于派发更多的现金股利。林川、曹国华与陈立泰（2011）的研究表明，股权集中度高、国有控股、高管薪酬高、董事会规模大、选择四大会计师事务所[①]的上市公司更倾向于分配更多的现金股利。徐凤菊、李芳（2017）研究表明，股权集中度、管理层持股比例与现金股利支付水平正相关，股权制衡度与现金股利支付水平负相关。黄志典、李宜训（2017）通过建立中介效应模型，研究得出良好的公司治理提升公司价值和现金股利分配水平，且现金股利在公司治理和企业价值关系中发挥了中介作用。梁相、马忠（2017）研究发现子公司少数股权占比与现金股利分配水平呈反向关系，这种反向关系在国有企业中有所缓解。吴春贤、杨兴全（2018）考察了在地区不同的金融发展水平下，产权性质与现金股利政策之间的关系，研究发现，出于缓解地方财政压力目的，国有企业更有可能通过关联交易实施掏空行为，降低现金股利发放水平。廖珂、崔宸瑜（2018）研究发现，控股股东股权质押会提高公司推出高送转利润分配方案的可能性，降低发放现金股利的倾向。刘星等（2018）认为实施"半强制分红政策"提升了公司现金股利的支付意愿，但未能实现上市公司股利支付水

---

① 四大会计师事务所指世界上著名的四大会计师事务所：普华永道（PwC）、德勤（DTT）、毕马威（KPMG）、安永（EY）。

平的整体提升，整体股利支付水平甚至有所降低，采用双重差分（DID）模型深入分析发现，小规模公司、高成长低现金流公司和公司治理水平差的上市公司受"半强制分红政策"的影响更为明显。

从上述文献来看，国内外文献在研究公司治理对股利分配政策的影响方面取得了丰硕的成果。绝大部分观点认为，公司治理、公司治理质量与公司现金股利政策存在正向关系，即公司治理越完善、公司治理质量越高，公司的现金股利越积极。国外的有关研究试图突破现有公司内部治理的视角来分析公司治理结构与现金股利政策之间的关系，朴胜等（2012）试图将法律保护、文化等因素纳入公司治理结构与股利政策互动关系的研究之中，这对我们后面的研究具有很大的启发意义。目前国内研究文献注意到了我国公司特有的公司治理结构如股权结构、产权性质、董事会规模、独立董事人数的占比等对股利政策的影响，但均未展开深入系统地研究。纵观国内外的研究，尚存在以下不足：（1）研究局限于公司治理结构安排对股利政策影响的分析框架，忽视了其内部治理因素影响机理的深入挖掘；（2）缺少总体层面公司治理质量与公司现金股利政策之间关系的经验证据；（3）缺乏从政府对公司分红政策的监管、法律保护等外部因素与公司内部治理互动的角度研究股利政策的文献。

二、公司治理主体与股利政策

贝克和伍格勒（Baker and Wurgler，2004）认为，传统的股利政策理论过于重视股利政策的需求方面，而忽视了股利政策的供给方面。公司高管、控股股东、机构投资者等行为主体对公司的投资决策、融资决策、利润分配决策等具有重要影响（郭红彩，2013）。下面将从公司高管、控股股东、机构投资者等视角分析其对股利政策产生的重要影响。

（一）公司高管与现金股利政策

1. 公司高管对股利政策的态度

股利政策是公司重要的财务政策之一，关于公司高管对股利政策的影响已经有许多研究文献和实证研究证据。许多研究结论表明，公司股利政策具有持续性和稳定性，同时，具有明显的信号传递效应和顾客效应，其对公司价值有重要影响。贝克和鲍威尔（Baker and Powell，1999）对美国603家纳斯达克上市企业的首席执行官（CEO）采用了类似的方法研究后发现，大部分高管认为公司价值受到股利政策的影响，他们非常注重股利政策的连续性和稳定性，也非常认同股利的"信号传递理论"。达纳尼（Dhanani，2005）的研究发现，英国公司高管大多赞同"股利相关论"，认为股利政策的选择会受到公司特征的影响，行业、规模、所有权结构、成长机会、信息不对称等是影响股利政策制定的重要因素。兰布雷希特和梅叶斯（Lambrecht and Myers，2012）根据林特纳（Lintner）目标调整模型（target adjustment model）的思路设计了一个动态代理模型，该模型假定高管在股利、投资、资金筹集等决策中会从最大化自身"管理租金"出发行事，该模型推演的结果显示高管会通过平滑股利从上市公司获取最大的"租金"。黎明、杨欣然（2016）研究我国上市公司治理主体对现金股利政策的影响发现，高管并不偏好现金股利发放，且高管权力越大，发放现金股利的倾向越低，而股权激励能纠正高管权力和现金股利发放的负向关系。上面的文献显示高管对分红决策有影响，但没有说明高管是如何影响现金分红的？高管影响现金分红的内在动机是什么？

2. 高管报酬契约与股利政策

高管决策与高管薪酬结构、高管报酬与股利政策之间存在密切的内在关系，高管奖金计划会直接影响高管的财务决策。对于公司来说，现金股利是公司的成本，往往导致公司不愿意过多地发放现金股利，出现现金分红不足。卢埃伦·洛德勒和马丁（Lewellen Loderer and Martin，1987）的研究揭示了股利支付率与高管货币薪酬（工资、奖金）显著正相关，而与基于股票的高管薪酬部分负相关，但其结论不显著。兰伯特等（Lambert et al.，1989）研究了高管初次股票期权激励之前与之后股利政策的变化，结果显示在高管薪酬合约中增加股票期权相对降低了股利支付水平，高管股票期权激励不利于公司现金分红。芬恩和梁（Fenn and Liang，2001）的实证研究表明，存在代理问题的公司，公司现金分红与高管持股正相关；公司现金分红与高管股票期权激励负相关。利杰布洛姆和帕斯特纳克（Liljeblom and Pasternack，2006）研究发现，41%的芬兰上市公司高管期权激励与股利支付显著正相关。阿布迪和卡斯尼克（Aboody and Kasznik，2008）的研究表明，股票报酬（如限售股、股票期权）显著影响美国公司高管的现金股利政策。詹佳萦等（Chia－Ying Chan et al.，2012）研究了台湾地区上市公司的情况，认为高管股权激励诱发了高管派发高水平的现金股利，股票期权则促使高管不派发现金股利。詹佳萦的研究结论支持了上述观点。刘星、宋彤彤等（2016）研究发现高管将股权激励作为寻租行为的面具，故股权激励与股权平稳性之间是显著的负相关关系。陈燊燊、李华等（2019）以2010～2017年在上海证券交易所（以下简称"沪市"）挂牌交易的A股上市公司为数据样本进行实证研究，发现股权激励与上市公司现金分红水平显著正相关，且这一相关关系在民营企业中表现更加突出。

巴塔恰亚（Bhattacharyya，2007）基于高管报酬与股利政策之间的关系，推演了一个股利支付模型。该模型认为，信息不对称使高管能力有差异，均衡状态下的薪酬契约应该是高效率的高管获得更高报酬，高效率的高管拥有较多的投资机会，从而会支付较少的现金股利。如果薪酬契约能够识别高管效率，并将股利政策与高管薪酬相联系，那么薪酬契约使得股利政策与高管报酬负相关，也与高管效率负相关。为了验证巴塔恰亚（2007）的模型，巴塔恰亚等（2008）采用Tobit回归检验了1992～2001年美国上市公司股利分配水平，发现高管报酬与股利支付水平显著负相关，而与留存收益显著正相关。这些研究表明，建立高管激励与股利政策之间的内在联系有助于缓解公司股东与高管间在分红决策中的矛盾和冲突。任笑笑（2017）认为，高管显性薪酬有显著的替代企业分红的作用，在以业绩为依据确定企业高管薪酬的企业中，往往会制定相应的现金分红制度来协调高管与股东之间的利益矛盾，但效果欠佳，高管有很大的动机在显性薪酬激励不足的情况下侵占股东利益。

一些研究则发现高管货币薪酬与股利发放水平存在相关关系。常亚波（2015）的研究认为，我国上市公司高管货币薪酬与现金分红支付水平之间呈现显著的倒"U"型关系，高管货币薪酬在一定范围内增加可以提升上市公司现金分红水平，超过这一范围现金分红水平反而出现下降，高管股权薪酬与现金分红水平呈现同样倒"U"型关系，高管的持股数量也存在一个最佳范围。常亚波和沈志渔（2016）进一步研究发现，高管货币薪酬可以显著提升公司的市场价值，现金分红水平具有中介传导效应，使高管货币薪酬部分地通过影响股利政策，正向地提升了公司的市场价值。

还有研究发现，高管的在职消费等代理问题，也与股利政策相关。时祎

（2017）研究了2012～2014年我国中央企业的分红情况，发现国有企业构建的红利分配机制能够有效抑制高管在职消费，有利于提升经营业绩。吴萍萍（2016）研究了我国国有上市公司2007～2014年的分红情况，认为国有企业减少现金分红将会扩大高管的在职消费；国有企业减少现金分红将会降低高管努力工作的积极性；国有企业管理层权力越大，现金分红水平越低，但是有效的内部控制能够抑制管理层权力对现金分红的影响。

3. 高管心理特征与股利政策

公司高管存在过度自信现象，总是过于高估自身的知识和能力，对公司决策充满自信。许多学者将高管的过度自信与股利政策联系起来研究。德穆克等（Deshmukh et al.，2008）的研究显示，CEO过度自信显著影响公司的股利分配政策，CEO过度自信的上市公司，其股利支付率更低。黄莲琴等（2011）的研究结果表明，管理层过度自信与股利政策显著负相关，控股大股东与股利政策正相关，控股大股东的存在促使了过度自信的管理层进行更多的现金分红。应惟伟、居未伟等（2017）认为管理者过度自信能够降低现金股利发放水平，当公司存在融资约束、投资需求高的情况下这种影响关系更为明显。陈其安、肖映红（2011）的研究结论却不同，他们认为高管的过度自信提高了我国上市公司的现金股利支付率。肖振红、韩天阳（2016）运用Logit模型和Tobit模型进行实证研究得出，管理者过度自信会倾向于发放现金股利，提高现金股利发放率，并进一步分析原因认为与证监会于2008年和2013年出台的上市公司现金分红政策有关。束曹向（2018）以2014～2016年上海证券交易所、深圳证券交易所（以下简称"沪深"）A股数据为样本进行实证研究发现高管过度自信与现金分红之间未表现出显著关系，然而高管过度自信条件下，公司成长性与现金分红水平正相关。

股利政策中的"羊群行为"和"群聚"现象与高管心理行为特征有明显关系。黄娟娟（2009）研究认为，我国80%以上的上市公司每股现金分红在0.2元左右，她把这种现象称为股利"群聚"现象，股利政策中出现的羊群行为、股利迎合行为都属于股利"群聚"现象，我国上市公司股利政策的"群聚"现象非常明显。马春爱、肖榕（2018）通过上市公司实证研究发现，我国上市公司的股利分配行为确实有显著的"同群效应"，国有企业相比于非国有企业同群效应则弱一些，而中小企业则会模仿行业内标杆企业的股利分配行为。

胡秀群和吕荣胜（2013）的研究表明，股利分配决策中"羊群行为"在过度自信、过度悲观心理特征的高管中较少，而在理性的高管中更容易形成股利的"羊群行为"。股利政策的心理动机也会受到高管自身权力的影响。郭红彩（2013）研究发现，高管权力与上市公司股利政策显著负相关，国有企业由于制衡机制的缺失，这种特征在国有企业表现得更加显著，而管理层持股在一定程度上弱化了高管权力对股利政策的负面影响。张春龙、张国梁（2017）研究也得出高管的权力越大，现金股利分配倾向和力度越低，进一步研究得出，高管的权力降低了现金股利边际价值。

（二）控股股东与股利政策

1. 控股股东的代理问题

世界上大部分国家的上市公司股权不是分散而是相对集中的，普遍存在控股股东。我国很多上市公司是由国有企业改制而来，这些国有上市公司控股股东"一股独大"，公司治理问题非常严重。何威风（2007）认为，需要特别关注股权集中度高的公司中控股股东与中小股东由于代理问题而引发的治理问题。控股股东代理问题具有积极效应和消极效应。从积极效应来看，控股股东有更强动机和更大能力去监督高管，公司第一类代理问题得到大大缓解，治理效应得到明显改善。在竞争性行业中第一大股东有动力和能力改善公司治理，提高公司绩效。徐莉萍等（2006）研究认为公司绩效与上市公司股权集中度正相关。从消极效应来看，控股股东可能会凭借手中掌握的权力，侵占公司资源，掠夺中小股东利益，谋取更多控制权利益。控股股东通过资产置换、贷款担保、非公平关联交易、侵占公司商业机会、财务欺诈等方式"掏空"公司，通过并购、内部交易等谋取私有利益。我国上市公司通过关联交易、担保融资、恶意派现、资金占用、利益输送等侵占中小股东利益（蒋国洲，2005）。罗琦、吴哲栋（2016）认为控股股东持股比例不同，产生的代理问题具有差异性，股利政策也会不同。他们研究发现，若控股股东持股比例低，此时与中小股东代理冲突较大，发放现金股利可降低代理成本，股利支付率与持股比例正相关；若控股股东持股比例增加到一定程度，控股股东与中小股东产生协同效应，支付现金股利来降低代理冲突的必要性降低，股利支付率与持股比例负相关。

2. 控股股东可能对股利没有偏好

"股利无关论"认为控股股东可能对现金股利没有偏好。股利"代理成本理论"认为，公司发放现金股利是约束控股股东代理问题的一种机制，公司发放现金股利减少了大股东可支配的资金，限制了控股股东侵占小股东利益的机会，降低了代理成本。"自由现金流假说"认为，公司支付现金股利降低了大股东损害小股东利益的可能性，降低了可自由支配的现金流，提升了公司价值。黎明、杨欣然（2016）研究发现，股权分置改革后的控股股东具有明显的主动进行现金分红的倾向；高管对现金分红没有偏好，但是高管权力越大，不分红的倾向越明显。

洛佩兹·西拉内斯、维希尼、施莱弗（Lopez de Silanes F，Vishny R，Shleifer，2000）应用现金股利政策的"结果模型"分析了全球 33 个国家 4 000 家上市公司样本，结果发现，现金股利是法律保护中小股东利益的工具，控股股东不偏好现金股利。法乔等（Faccio et al.，2001）研究认为东亚上市公司的股息支付率明显低于西欧国家上市公司，原因是东亚上市公司股权集中度更高。莫里和帕尤斯特（Maury and Pajuste，2002）研究发现，芬兰上市公司控股股东持股比例与股利支付率负相关。以上研究表明，控股股东不愿意与中小股东按持股比例共享公司利润分红，更愿意通过非效率投资、关联交易等获取控制权私有收益。

3. 控股股东、利益侵占与股利政策

另有一些研究结论说明控股股东具有现金股利偏好。其主要原因是，现金分红是大股东获得收益的重要来源，分配现金股利降低了高管可自由支配的资金，降低了代理成本。大股东通过现金分红可以传递公司具有良好盈利能力的信号，提升了公司价值。在其他条件不变时，公司现金分红可使净资产收益率提高，有可能达到配股融资的要求。

国内也有一些学者认为上市公司大股东通过高额现金分红实现利益输送。上市公司超能力派现问题引起了学界的重视和研究。刘峰和贺建刚（2004）研究表明，我国上市公司大股东通过高派现进行利益输送。上市公司利益输送的方式受到股权结构的影响，关联交易、高派现等是股权集中度高的公司控股股东利益输送的手段；担保、资金占用等是股权集中度低的公司控股股东利益输送的手段。张阳（2003）分析了 2001 年用友软件"每 10 股派 6 元"的高派现

方案，认为该方案最大化了大股东利益，但损害了中小股东利益。马鹏飞、董竹（2019）研究发现，当大股东进行现金股利掏空行为时，中小股东会抛售公司股票，降低公司的价值，形成股利折价。阎大颖（2004）认为上市公司股利政策与股份流通性、股权集中度存在内在联系，"派现热"现象的根本原因是非流通控股股东"圈钱"动机。吴红卫、王顺丽（2018）以现金股利承诺指标来衡量"高派现"政策，研究发现控股股东的非国有性质、较大的控股股东两权分离度、高持股比例正向影响高现金股利派现水平。以上研究文献说明，在高派现上市公司现金分红中，控股股东有强烈的动机利用现金分红合法"掏空"上市公司。刘爱明等（2018）以2015年和2016年沪深A股上市公司为样本，研究差别化股利税改革对上市公司现金分红行为与公司治理的影响。发现股利税降低，公司现金分红水平提高；高管持股比例越高的公司，现金分红水平也越高。股利税收制度缓解了高管与股东之间的代理矛盾，提高了公司治理效应。

在我国，有些上市公司的现金分红变成了控股股东掏空上市公司的工具，甚至有些人认为公司的高额现金分红行为就是控股股东利益侵占的代名词。马曙光等（2005）认为，现金分红与资金侵占是控股股东实现利益的手段，随着监管的愈加严格，现金股利成为控股股东获取私利的常用手段。肖星（2003）研究发现上市公司现金分红满足了控股股东变现的需要，因而提出了"大股东套现需要"假说。唐清泉等（2006）认为上市公司现金分红是控股股东进行利益输送的一种手段。王化成等（2007）认为控股股东对公司股利政策具有重要影响，高度控股、民营性质等的控股股东具有很强的现金股利分配动机。黄娟娟等（2007）深入研究了我国上市公司股利政策，发现股利政策背离了流通股需求，公司股利支付的可能性和水平与股权集中高度正相关，说明上市公司现金分红的动机是迎合大股东需要，实现利益输送。强国令（2014）研究发现，上市公司的大量现金分红是满足控股股东套现需求的工具，其本质是大股东的一种掏空行为。罗琦、伍敬侗（2017）研究结果证明，控股股东会利用现金分红来掩盖其利益侵占动机。强国令、李曜等（2017）从现金股利掏空角度分析了创业板首次公开发行（IPO）后的大量分红现象，研究发现，超募资金越多、大股东持股比例越高则现金股利支付率越高，即现金股利发放是大股东的一种掏空行为。

在2005年以前，由于我国上市公司的股权分为流通股与非流通股，持有非流通股票的控股股东通过现金分红的方式来实现"利益输送"（马曙光等，2005）。皮海洲（2004）认为，控股股东偏好现金分红的原因是控股股东获得股票的成本远远小于流通股股东，由于同股同价、同股同利，这使得控股股东的投资回报率远远高于中小投资者。

4. 全流通与控股股东行为变化

实施全流通和股权分置改革对我国资本市场产生了深远影响，也对我国上市公司控股股东行为和利益取向产生了巨大影响。通过股权分置改革实现了股票的全流通，实现了同股同权、同股同价、同股同利，控股股东和中小股东之间的利益关系由利益博弈变为利益趋同，控股股东的行为将更趋理性（吴晓求，2006）。全流通促进了资本市场对股权的公平定价，促进了控股股东利益向市场价值的回归，促进了控股股东和中小股东之间利益的趋同。廖理等（2008）采用双重差分模型研究发现，全流通有效纠正了控股股东的利益取向，控股股东对公司由掏空动机转向全面支持公司长远发展的动机。蔡奕（2007）全面总结了全流通后控股股东的行为变化，全流通改变了大股东的获利渠道。在全流通市场条件下，大股东与中小股东之间的利益趋于一致，控股股东的行为从股东之间的内部博弈转变为外部的市场博弈。蓝发钦等（2008）认为，全流通完全改变了控股股东的行为特征，改变了控股股东的利益实现机制，控股股东对公司的行为由股改前的倾向于采取"隧道行为""掏空行为"，转变为股改后积极的注入优质资产、开展业务合作、支持债务重组等"支持支撑"行为。顾玲艳（2015）以民营上市公司为样本进行研究认为，全流通前，控股股东和公司利益之间的关系是"利益侵害—利益趋同—利益攫取"，其中只有58.46%的样本表现为利益趋同；全流通后，控股股东和公司利益之间的关系是"利益趋同—利益攫取"，有89.23%的样本表现为利益趋同。这充分说明，股权分置改革改善了公司治理环境，使控股股东与公司利益趋同。

王亮等（2010）通过研究2002～2008年上市公司关联交易样本，得到的结论是大股东对上市公司由"掏空"行为转变为对上市公司的"支持"行为。股改后控股股东利益实现机制变化对股利分配政策的影响方面，文献涉及比较少。陈健健（2007）研究了沪深2002～2006年上市公司的数据，认为股权分置改革抑制了大股东采用高派现来掏空上市公司的行为。刘浩等（2010）研究了利益输送与控股股东利益实现方式之间的关系，提供了股改对大股东利益影响的经验证据，当控股股东的股票不能流通转让时，现金分红是实现利益的主要方式；当控股股东的股权可以流通时，控股股东会在掏空收益与股权转让收益之间进行利益选择。杨宝、龚小凤等（2016）认为全流通背景下，并不存在过度的股利分红掏空行为，控股股东制定的现金分红政策能降低代理冲突。罗琦、彭梓倩等（2017）以股权分置改革后我国沪深 A 股上市公司数据为样本进行了实证研究，研究结果表明，现金股利能够有效缓解控股股东的代理问题，降低了公司权益资本成本。

（三）机构投资者与股利政策

由于我国机构投资者的快速发展，机构投资者持有的公司股份越来越大，机构投资者成为公司治理的一股重要力量，"股东积极主义"盛行。研究机构投资者的治理效果包括高管薪酬、管理层行为、股价反应、信息透明度、公司绩效等成为研究的热点与重点，其中，机构投资者治理角色方面的研究成果是"消极机构""无为机构""积极机构"这三种不同的理论观点。

1. 机构投资者对薪酬、信息、业绩的影响

通常情况下，公司绩效决定高管薪酬，高管薪酬也会受到机构投资者的影响。戴维和莱维塔斯（David and Levitas，1998）的研究发现，与公司具有投资关系的机构投资者会降低 CEO 薪酬水平，提高长期性激励在整个薪酬构成中的比重。哈策尔和斯塔克斯（Hartzell and Starks，2003）在控制了业绩、成长性、规模因素后发现，管理者薪酬对机构投资者持股非常敏感，管理者薪酬水平与机构投资者呈负相关关系，机构投资者缓和了管理层与股东之间的代理问题。李善民和王彩萍（2007）研究了 2000～2003 年的 A 股上市公司，得出的证据是机构投资者通过积极参加公司治理来影响公司的业绩和高管薪酬。毛磊等（2011）研究认为，管理层薪酬受到机构投资者整体和机构投资者类型的影响，机构投资者持股增强了公司业绩与管理层薪酬的敏感性。夏芸、玉琦彤（2018）研究了机构投资者异质性与高管薪酬之间的关系，认为压力敏感型机构投资者与高管薪酬之间显著正相关，但对业绩薪酬之间的敏感性影响不显著；压力抵抗型投资者与高管薪酬关系不显著，但能显著提高业绩薪酬敏感性。陈晓珊、刘洪铎（2019）研究发现机构投资者的广度和深度都会降低管理层薪酬，广度影响程度较深度更大。从投资者个体层面看，证券投资基金与管理层薪酬正相关；券商、社

保基金、信托与管理层薪酬负相关；合格的境外机构投资者（QFII）、银行、财务公司等与其不相关。然而，孙红梅、黄虹等（2015）以前十大股东中有机构投资者的上市公司为样本研究得出了相反结论，机构投资者持股正向影响管理层薪酬水平，且机构投资者能够通过影响高管薪酬来影响公司业绩。

机构投资者对会计信息质量的影响。经验研究表明，机构投资者的投资决策和参与公司治理的积极性会受到信息披露质量的影响。皮奥特洛斯基（Piotroski J. D.，2004）认为机构投资者会有效影响公司的信息环境，机构投资者促进了企业未来盈余在股价中的体现速度。朱晓怀等（2010）的研究结果显示，线下项目盈余管理受到机构投资者的监督和影响，但对高管的线上项目影响不大。李双海和李海英（2009）从盈余及时性和应计质量的角度证明会计信息质量不受机构投资者影响。高敬忠等（2011）研究认为，机构投资者对上市公司的信息披露具有治理作用，机构投资者直接影响高管盈余预测的精确度和及时性。孙健等（2012）研究 2006～2009 年 A 股上市公司的样本发现，大多数情况下机构投资者以牺牲财务报告可靠性为代价提高信息透明度。谭劲松、林雨晨（2016）通过建立理论模型，推导出机构投资者对信息披露质量的治理效应，机构投资者通过提高公司治理水平来提高信息披露质量，且机构投资者的调研行为是其中的一种治理参与方式。孙光国、杨金凤（2017）研究认为，机构投资者通过发挥信息中介效应来提升会计信息的可比性，从而保护了投资者的合法权益。李合龙、李海菲等（2018）研究得出机构投资者持股提高了会计稳健水平，显著提升公司价值。

机构投资者对公司绩效的影响。机构投资者能促进公司提高绩效，机构投资者的持股数量和持股比例直接影响公司绩效。康（Kang，2000）研究了 1982～1995 年美国财富 500 强企业，得出的结论是，机构投资者的持股比例与公司业绩正相关，机构投资者的数量与公司业绩也呈正相关关系。宋渊洋和唐跃军（2009）研究发现，企业业绩受到机构投资者持股比例的积极影响，企业业绩的改善和提高与机构投资者持股比例显著正相关，但对业绩影响的程度会受到机构投资者类型的影响。李争光、赵西卜等（2014）将机构投资者划分为交易型和稳定型两种类别，研究表明稳定型机构投资者降低了信息不对称，改善了代理问题，提高了企业绩效。周方召、李凡等（2018）采用实证研究法探究了机构投资者异质性与公司绩效之间的关系。整体来看，机构投资者作为一种治理机制显著提升了公司绩效，而相比于非独立机构投资者和合格的境外机构投资者（QFII），独立机构投资者和国内机构投资者对公司绩效的正向影响程度更大一些。张涤新、李忠海（2017）以 2004～2012 年的沪深 A 股上市公司为样本，分 2004～2007 年、2008～2012 年两个阶段，分别研究了在这两个阶段机构投资者对公司绩效的改善作用，同时发现，由于在第二个阶段基金持股在总机构投资者持股中占比下降，因而减弱了机构投资者对绩效的改善作用。机构投资者在兼并与收购（Chen et al.，2007；周绍妮等，2017；孙婧雯等，2019）、CEO变更（Parrino et al.，2003；张琛等，2017；王谨乐等，2018）、股东提案（Gillan and Starks，2000；Hawkins and Guercio，1999）等方面发挥了积极的治理作用。

2. 机构投资者对中小投资者的保护

机构投资者是一种具备外部独立性的更为严格的内部治理机制，它既可以制衡大股东和管理层内部控制的不足，又解决了中小股东激励不足的问题，在保护中小股东利益方面发挥了积极的作用。因此，机构投资者能够对"内部人"实施有效监控，使所有股东的利益得到保护。庞德（Pound，1988）提出了机构投资者监督公司的战略合作假说、效率监督假说和利益冲突假说三种假说，分析了机构投资者对公司的影响。效率监督假说认为，机构投资者具有资金优势、专业优势和信息优势，机构投资者的有效监督保护了股东的利益。

王琨和肖星（2005）通过实证研究发现，机构投资者持股有效降低了上市公司资金被关联方占用的程度，保护了投资者权益，提高了公司治理效率。然而，姚颐等（2007）从股改对价的角度，研究在股权分置改革的条件下机构投资者对股东权益的保护情况，发现流通股股东对价送达率、实际对价支付因子与基金、券商、合格的境外机构投资者（QFII）三种机构股东持股负向相关，机构投资者在股改过程中并没有起到发挥保护中小投资者利益的作用。李海英和郑妍妍（2010）研究发现，机构投资者提高了上市公司股价的信息含量，机构投资者持股比例与上市公司股价信息含量显著正相关。刘志远等（2009）的研究认为，股东积极主义在我国机构投资者中发挥了重要作用，机构投资者有效抑制了大股东的资金侵占、利益侵占等行为，机构投资者持股比例与大股东资金侵占的增量显著负相关。曾月明、庄璐彬（2011）选取了深圳证券交易所399 家上市公司作为样本进行研究发现，机构投资者持股和中小投资者保护之间具有显著正相关关系。宋洋等（2013）认为机构投资者在股权制衡、降低信息不对称、优化公司治理等方面确实发挥了保护中小股东利益的作用。

3. 机构投资者对公司代理问题的影响

公司两类代理问题会受到机构投资者介入上市公司的影响。韦斯和贝克曼（Weiss and Beckerman，1995）认为，证券投资基金的集体行动有效降低了公司的代理成本。瑞安和施奈德（Ryan and Schneider，2003）认为机构投资者的市场力量和异质性会影响公司的代理契约，进而会影响公司的代理问题。彭丁（2015）认为，机构投资者通过对控股股东和最终控制人的制衡来提高公司绩效，研究结论充分说明了机构投资者持股能够有效减少大股东与中小股东之间的代理问题，提高公司治理效率。胡援成、卢凌（2019）发现，当机构投资者持股比例达到前十大股东之列且在1%以上时，能够降低信息不对称与代理冲突，且机构投资者长期持股能够充分缓解管理层代理问题。王怀明、姜珊（2019）以2007~2016年A股上市公司为样本进行研究发现机构投资者作为一种治理机制，能够有效缓解财务柔性持有、利用中的管理层代理问题。

也有文献为机构投资者影响公司代理成本提供了经验证据，机构投资者持股是降低公司代理成本的有效手段。哈策尔和斯塔克斯（Hartzell and Starks，2003）的实证结果显示，机构投资者持股通过抑制高管薪酬进而降低了高管的代理成本。李维安等（2008）将代理成本的衡量指标变为资产周转率时发现，机构股东持股比例越高，资产周转率越高，即机构股东持股比例与代理成本负相关。李艳丽等（2012）研究发现，机构投资者的治理作用体现在可以减少公司高管的在职消费，从而抑制了公司的代理成本。陈明利、伍旭川等（2018）从机构投资者参与视角展开研究发现，能够减轻非效率投资对企业价值带来负面影响的重要原因之一是机构投资者参与降低了公司的两类代理成本。但是，毛磊等（2011）的研究结论与此不同，其认为机构投资者提高了管理者的薪酬水平，这不一定有利于降低高管代理成本。

4. 机构投资者对现金股利治理的影响

机构投资者的股息红利税负低于个人投资者，现金分红并没有提高机构投资者的税收负担，机构投资者可能因为税负因素而偏爱现金分红。艾伦等（Allen et al.，2000）研究表明股利具有"税收顾客"效应，当个人投资者的股利税率高于机构投资者时，提高现金股利可以有效吸引机构投资者。1980~1996

年，大型机构投资者持股比例增加，公司股息率反而降低，说明机构投资者并不偏好现金股利（Gompers and Metrick，2001）。张和克希（Zhang and Keasey，2002）研究发现，股利支付率会随着机构投资者持股增加而显著增加。格林施泰因和迈克莱（Grinstein and Michaely，2005）以美国公共事业企业为研究对象检验了股利支付与机构投资者持股的关系，研究发现机构投资者更加偏好于投资支付股利的上市公司；而高股利水平的公司在支付股利的上市公司中更不受机构欢迎；公司的现金股利或股票回购并不会因为机构投资者持股更高或更集中而增加。简恩（Jain，2007）研究发现，税负较低的机构投资者会避免派现或高派现的公司，这与股利税收理论不吻合。金守贞等（Soojung Kim et al.，2010）的研究表明，在新兴市场国家中机构投资者显著影响公司的股利政策，当机构投资者的持股比例超过5%时对公司股利政策影响重大，股利支付率随着机构投资者持股比例的增加而上升。

国内研究文献也有类似的观点。胡旭阳等（2005）研究显示，现金分红水平是投资基金选择投资组合的重要依据，基金持股比例随着上市公司现金分红水平的提高而增加。翁洪波和吴世农（2007）研究发现，没有机构股东介入的上市公司现金分红水平显著低于有机构投资者介入的上市公司，并且机构投资者介入可以监督和治理上市公司的"恶意派现行为"，但是并未发现机构持股比例会对股利政策产生影响的经验证据。申尊焕（2011）研究认为，机构投资者数量增加，现金股利显著提高，说明机构投资者更加偏好现金股利，但是不能证明机构投资者对股利政策产生了积极影响。王彩萍和李善民（2011）研究发现机构投资者对股利政策具有积极影响，上市公司分红水平提高，机构投资者持股比例也显著增加。韩勇等（2013）的研究结论是机构投资者持股对上市股利政策的影响是相互的，上市公司的派现水平会因为机构投资者持股显著提高，而机构持股决策也会受到上市公司现金分红的影响，机构投资者影响上市股利政策决策表现出同质性。王垒、曲晶等（2018）发现机构投资者在进行投资时会表现出"选择治理"，即选择高股利支付率的企业进行投资持股。压力抵制型的机构投资者在企业成熟与衰退期加强了对现金股利的治理，能有效改善上市公司"分红难"问题，压力敏感型机构投资者只在成熟期表现出现金股利治理作用。刘涛等（2013）认为我国机构投资者在公司治理中发挥的作用较为消极被动，考虑内生性影响后机构投资者持股受到高管薪酬对绩效敏感性的影响，但反向的影响关系不明显。吴先聪（2015）认为机构投资者有效强化了高管薪酬对业绩的敏感性，有效降低了高管的私有收益，因此，管理者的激励机制与股东监督机制可以相互替代，共同发挥作用。

李刚和张海燕（2009）认为，机构投资者在一定程度上能够真正识别上市公司股利派现的动机、目的与能力。齐鲁光和韩传模（2015）以 2009～2013 年 A 股上市公司的分红情况为样本，考查了机构投资者对分红的影响。该研究发现，因为机构投资者促进了高管权力集中的上市公司的现金分红，且高管权力越集中的公司现金分红越少，所以，机构投资者能提高上市公司的现金分红水平。姚靠华、唐家财等（2015）发现大型机构投资者和独立型机构投资者与现金分红具有显著正向关系，而小型机构投资者和非独立型机构投资者对现金分红无显著影响。魏志华等（2012）研究认为，机构投资者对上市公司制定现金股利政策发挥了积极的监督作用。

三、评述

根据公司治理主体与股利分配政策相关的研究文献可以看出：（1）高管激励更加受到国外文献的关注。国外研究的大量证据直接证明了股票期权、管理者薪酬等对公司股利政策影响显著。而国内的研究集中于探讨高管心理特征、高管过度自信等对现金分红的影响。（2）国内外大量文献集中于研究控股股东的代理问题，并且均认为控股股东对股利政策都有重大影响。但在我国，现金分红成为控股股东从上市公司谋利的工具。（3）国内外大量文献研究了机构投资者的公司治理作用以及机构投资者对公司代理问题的影响，也有直接经验证据证实了机构投资者持股对公司股利政策的重要影响。但是，未能很好地解决股利政策与机构投资者持股之间存在的内生性问题。

我们认为，随着股份全流通的推进、"大小非"的逐步减持、机构投资者的积极介入、高管激励的日渐普及，公司内部治理对股利政策影响的研究应主要集中在以下方面：（1）基于股利政策与管理层薪酬激励之间的关系，应该如何建立管理层激励与股利政策之间的内在联系？（2）机构投资者能否真正保护中小投资者利益，发挥"积极投资者"作用，积极影响公司的股利政策决策？

（3）在全流通市场环境下，控股股东和中小股东的利益是否从"利益侵占"向"利益共享"转变？这种转变如何影响股利分配政策？当然，代理问题的变迁是以上问题的研究视角。

第二节　外部监管与股利政策

一、股利政策的"法与财务"视角

近年来，财务学界对投资者法律保护的重视程度较以往有着显著的提高，同时研究范围也不断延伸，包括 CEO 变更、盈余管理、投资者法律保护与资金成本等方面。在这种背景下使得公司财务领域进一步拓宽，"法与财务"的视角逐渐得到了广泛的关注。全球范围内的不同国家和地区在上市公司股权结构、融资便利程度等方面有着明显的区别和差异，而造成这种现象的主要原因是投资者法律保护程度各不相同。沈艺峰（2004）、许年行和吴世农（2006）等认为，法律、金融和经济增长三者之间存在非常密切的联系，上市公司的股权结构、权益资金成本和股票发行初始收益率等在一定程度上受到投资者法律保护程度的影响。

股利政策研究中的"法与财务"视角是拉波塔、洛佩兹·西拉内斯、施莱弗、维希尼（LLSV，2000）在其论文"Agency problems and dividend policy around the world"中明确提出来的。LLSV 认为法律是代理问题的重要解决方式和手段，法律有效保护了股东的权利和利益。外部投资者法律保护程度在不同的国家和地区有着明显的区别和差异。立法和执行法律是法律保护涉及的主要方面。

普通法系国家的法律保护的有效性较为显著，股东权益受到损害的可能性相对较低；而大陆法系国家的法律保护程度较低，股东权益受到损害的可能性相对较高。投资者法律保护能够在很大程度上影响代理成本。

拉波塔、洛佩兹·西拉内斯、施莱弗、维希尼（1999）的研究表明，投资者法律保护程度偏低的国家，所有权集中度相对较高；投资者法律保护越完善的国家，资本市场的定价功能和价值评估效果也就越显著。莱文和泽沃斯（Levine and Zervos，1998）在研究中发现资源配置和经济增长受到投资者法律保护的显著影响。拉波塔、洛佩兹·西拉内斯、施莱弗、维希尼（2000）以"法与财务"为切入点，研究构建了关于股利政策的"结果模型"（Outcome – Model）与"替代模型"（Substitute – Model）。

"结果模型"认为股利支付政策与投资者法律保护之间关系密切。投资者法律保护的根本目的是保护投资者权益，股利支付政策是投资者法律保护的结果。股利支付政策直接体现了投资者获得的收益水平，有利于杜绝内部人的自利行为，抑制利益侵害。投资者法律保护的程度不同，股利支付水平会有明显差异；公司所处的生命周期不同，其股利支付水平也会不同。在投资者法律保护相对完善时，成长型公司由于拥有良好的发展前景，面临较多的投资机会，通常会支付低水平的现金股利，公司成长机会与股利支付水平之间保持明显的负相关关系；成熟型公司由于投资机会偏少，通常倾向于选择支付高水平的现金股利。

"替代模型"基于一种假设：公司在长期发展过程中形成了一种"声誉"机制，当内部资金不足时，"声誉"机制能使公司获得融资支持；而发放现金股利则是提升"声誉"机制的有效措施。因此，"替代模型"认为现金股利是投资者法律保护的替代形式。现金股利在一定程度上能够起到替代投资者法律保护程度不足的作用。中小股东法律保护程度低的国家，公司建立"声誉"机制的需求较高，就会有强烈的动机通过派发现金股利来提升"声誉"；中小股东法律保护程度较高的国家，通过派发现金股利来提升"声誉"机制的动机不明显。因此，成长型公司由于发展前景好、公司融资需求高，非常重视建立"声誉"机制，公司发展前景与股利支付之间具有显著的正相关关系。成熟型公司资金需求不多，不太重视"声誉"机制的建立。

拉波塔、洛佩兹·西拉内斯、施莱弗、维希尼（2000）提出的股利政策的"结果模型"与"替代模型"两者有着根本的区别和差异。但由于两者提出的背景相同，从而为股利政策研究的"法与财务"视角提供了重要的推动力。

二、新兴市场国家的政府监管与股利政策

政府监管能够在很大程度上影响上市公司的股利分配政策。普通法系国家由于投资者利益保护程度较高，所以上市公司股利支付水平也较高；大陆法系国家由于投资者利益保护程度低，因而上市公司股利支付水平也明显低于普通法系国家。西方资本主义国家在长期实践和发展过程中，公司分红的演变历程经历了义务分红、过度分红、强制分红、税收调节分红、市场机制调节分红等（何基报，2011）。西方发达国家的公司分红主要依靠市场机制的自由调节，上市公司股利分配机制运行顺畅，对政府监管的依赖程度较低。

但是，新兴经济体国家通常对资本市场上的公司股利政策采取强制、半强制的政府监管政策，政府监管在公司股利政策制定方面发挥了较大作用。现举例如下。

韩国公司股利政策的政府监管经历了以下三个阶段：（1）1956～1967年，韩国政府没有对上市公司股利政策进行监管，属于无监管阶段。（2）1968年，韩国制定并实施了"资本市场促进法案"，该法案明确规定了上市公司的股利分配率，有效保护了投资者利益，1968～2003年被称为半强制监管阶段。（3）2004年以来，韩国政府对上市公司股利分配方面的信息披露要求非常严格，但在股利政策的监管方面并没有加强，属于以信息披露为主的监管弱化阶段。

巴西政府对上市公司股利政策采取了强制性的监管。在1976年发布的《公司法》中明确规定"股东有权获取净利润的50%作为股东股利"。20世纪末期，巴西修订了《公司法》，该法律明确规定，联邦控股公司的股东每年应获得不低于公司净利润25%的股利。后来又调整了公司现金分红的比例。但公司在出现下列情况时可依法调整股利政策：一是董事会通过对公司财务状况进行分析能够佐证调节分红比例的合理性和有效性；二是大部分股东均能接受低于25%的分红比例；三是公司存在股票回购行为。由于巴西政府强制性的分红监管，上市公司平均股息率长期处于较高水平。对巴西实施强制分红政策，业界有不同的看法，分歧点就是强制性现金分红不利于发展前景较好的公司的发展。

在土耳其，上市公司利润分配的政府监管经历了强制分红、取消强制分红、

再强制分红阶段。1982～1994 年属于强制分红阶段，强制分红比例是可分配利润的 50%。1995～2003 年土耳其从法律上取消了强制现金分红的比例规定。2003 年以来，土耳其再次实施强制现金分红，但下调了现金分红的比例。实际上，土耳其实施强制股利政策的主要目的在于引导中小投资者参与到资本市场当中，有效促进资本市场分红水平的提升。

另外，巴西、智利、哥伦比亚等新兴经济国家也实施了强制分红政策。芬兰规定的强制分红比例是大于年净利润的 50%，但小于净资产的 8%。希腊、智利和哥伦比亚规定的强制分红比例分别是净利润的 35%、30% 和50% 以上。

何基报（2011）在研究中表示，与西方发达国家相比，新兴经济体更加倾向于采取半强制性或强制性分红政策。但从当前实践现状来看，其政策效果并不明显。不仅如此，部分新兴市场还存在"强制性分红—取消—强制性分红"的反复情况。另外，部分新兴经济体还存在由强制性到半强制性方向转变的情况。

三、我国的半强制监管与股利政策

进入 21 世纪以后，中国证监会曾经多次制定并实施"半强制分红政策"。①2010 年以来，证监会要求所有上市公司必须补充和完善公司分红政策与分红决策机制。2012 年 4 月，国资委非常重视上市公司对投资者的回报，积极引导上市中央企业构建科学合理的现金分红机制。2013 年，上海证券交易所（以下简称"上交所"）颁布并实施了《上海证券交易所上市公司现金分红指引》，以法律法规的形式规范了沪市上市公司的现金分红行为。但与其他国家相比，我国上市股利政策监管并不具备强制性，基于此相关学者将其解释为"半强制分红监管政策"。

李常青等（2011）以证监会实施的《关于修改上市公司现金分红若干规定

---

① 分别是：《上市公司新股发行管理办法》（2001）、《关于加强社会公众股股东权益保护的若干规定》（2004）、《上市公司证券发行管理办法》（2006）、《关于修改上市公司现金分红若干规定的决定》（2008）、《上市公司监管指引第 3 号——上市公司现金分红》（2013）。

的决定》（2008）为重点，对证监会半强制分红管制的市场效果进行了全面分析与研究。分析表明，投资者对该政策表现出"预期—失望"的反应过程。存在高成长低自由现金流、高竞争低自由现金流等特点的具备潜在融资需求的上市公司市场反应较差，这表示该政策的实施对该类公司的发展存在一定的制约和限制。他们在研究中表示，我国的半强制分红监管政策存在一定的缺陷和不足，应在未来实践过程中突出"半强制分红政策"的差异性特征。

皮海洲（2011）表示，强制分红并不能彻底改善当前我国"圈钱市"的状况，但我们需要肯定半强制分红存在一定的积极作用。杨宝、王议晗（2017）的研究表明，"半强制分红政策"的实施，增强了上市公司的分红意识，提升了分红的连续性，各板块、行业、地区之间股息率变动趋势基本相似，但股息率的提升不明显，说明半强制分红监管具有一定的积极影响。黄代（2018）的研究显示，在"半强制分红政策"背景下，发放现金股利降低了代理成本，保护了中小投资者利益。发放现金股利弱化了有再融资需求的公司对中小投资者利益的保护效果；债务融资约束越强，这种弱化作用越显著；高成长和高竞争的公司，这种弱化作用也很明显。郭瑜（2016）研究认为，"半强制分红政策"在公司发展的不同阶段产生了不同的影响。这一政策明显改变了现金分红与成长性、资产负债水平、公司盈利能力之间的关系，提升了成长性高、资产负债率高、盈利能力低的公司的现金分红水平，这一现象在分红政策强监管期表现更加明显。高文亮、罗宏等（2018）选取2001～2015年A股上市公司数据为样本进行研究发现，"半强制分红政策"强监管阶段反而降低了上市公司分红水平，同时也弱化了上市公司董事会治理效应，即出现了"一强两弱"困局，同时研究指出非直接监管是"半强制分红政策"充分发挥监管作用的关键。陈金勇、牛欢欢等（2019）探究了系列"半强制分红政策"对控股股东、股权结构与股利分配之间关系的影响，股利监管政策调整能够减弱控股股东对现金股利政策制定的控制权程度，能够减少控股股东的隧道行为，能够改善股权结构、提高股权制衡度、提升股利发放稳定性。

尹中立（2012）在研究中表示，监管部门半强制分红存在一定的合理性，但在具体实践过程中，应采取相应的配套措施，而将分红作为再融资的要素对监管有着一定的负面影响。强国令（2014）对"一边大额分红，一边再融资"异象进行了研究发现，"半强制分红政策"能够产生"逆向选择"问题，导致大量虚假融资的公司进入资本市场中。刘星、谭伟荣等（2016）采用 DID 模型研究发现，对于具有融资需求的公司和治理质量差的公司，"半强制分红政策"对现金股利分配水平产生了显著影响。李敬、姜德波（2017）研究显示，在现金分红的高压期间——2011~2013 年，"半强制分红政策"显著提升了公司的派现意愿，但并没有提升派现水平；将现金分红与再融资挂钩后，再融资采用定向增发的公司既没有提高派现意愿也没有提高派现水平。展凯和陈华（2012）研究了 1998~2006 年沪深股市 604 家上市公司的数据，研究结果显示，上市公司管理者由于持有现金过多而产生的代理成本可以通过强制性分红政策来改善；不同的公司融资约束存在明显的差异性，采取"一刀切"式的政府分红监管模式不太合理。"半强制分红政策"应结合公司实际经营现状对监管措施进行适当调整。

杨宝和袁天荣（2013）实证研究发现，由于半强制分红制度在上市公司再融资之前存在为了满足监管要求而分配现金股利的动机，一些公司一旦再融资完成，其后的现金股利政策意愿降低，现金股利支付率降低。这使得半强制分红监管制度的政策效果大打折扣。所以，没有必要对所有上市公司统一实行单一内容的半强制分红股利制度，而应当根据上市公司具体情况制定多样化的分红监管制度。莫开伟（2018）认为，证监会在 2018 年继续完善 A 股现金分红的规则，在舆论上正确引导上市公司进行现金分红、回报投资者的正确观念；分红政策和法规的制定尽量避免"一刀切"，保护高成长性公司的顺利发展；完善现金分红信息披露，规范上市公司的分红行为和分红信息披露事项。王国俊等（2017）认为，差异化现金分红监管新政增强了现金分红水平与成长性和重大投资安排之间的敏感性，增强了公司派现意愿与成长性之间的敏感性，但是对公司派现意愿与重大投资安排之间的影响不明显。差异化现金分红监管新政的执行效果与公司治理水平正相关。占凌徽（2016）研究了 2008~2014 年 A 股上市公司的样本，发现公司发放现金股利与公司市值的增加正相关，但是，不同类型的公司其影响是不同的。现金流量充足且没有再融资需求的公司，发放股利会抑制公司市值的增加；现金流量不足且有再融资需求的公司，发放股利会降低公司的价值。

李慧（2013）研究了我国 2006~2010 年上市公司实施"半强制分红政策"的效果。研究结果表明，半强制分红监管模式提升了利润低、资产负债率高的企业的现金分红水平，但对没有融资压力的上市公司所起到的作用效果不明显。刘义凯（2015）认为，上市公司现金分红的意愿随着"半强制分红政策"的实施而显著提高；具有高成长性、高竞争性的上市公司派现意愿强、派现水平高，高盈利、处于成熟期的上市公司由于外部融资少，监管政策对其约束力弱，将面临更强的监管压力。"半强制分红政策"具有明显的提高公司现金分红的效应。王婉菁（2016）认为，上市公司的分红意愿和分红水平随着"半强制分红政策"的实施而提高，其原因主要是出于政策迎合；资金匮乏、有较大融资需求公司的分红意愿和分红水平显著提高，但对业绩优良、资金充裕公司的影响不明显。

张辉（2013）以法理角度作为切入点，对我国上市公司股利政策监管的对策进行了阐述与说明，认为上市公司股利政策监管在很大程度上受到信息披露审查的影响；上市前后的短时间窗口同样应加以重点监管；不仅如此，对上市公司现金分红承诺故意不予履行的，应按照相关法律要求依法承担相应的责任。王瑜（2016）认为我国目前的现金分红制度存在的主要问题表现在现金分红间隔期间处于立法空白、独立董事在分红决策中的作用不明确、分红政策调整条件模糊、没有违规处罚细则等方面，为此需要平衡公司的分红决策、提高监管制度的法律效力、建立股东强制分红诉讼制度和违法分配的处罚制度。

而一些研究也表明，"半强制分红政策"的政策效果也存在消极的一面。何中（2017）的研究表明，2008 年实施的将上市公司外部股权再融资与现金分红直接挂钩的现金分红规定，改变了公司现金股利政策和外部融资之间的关系，增加了上市公司现金分红的意愿，提高了现金股利发放率。但是，也助长了公司为了满足外部再融资而进行现金分红的动机，特别是一些高融资约束的公司为了能够再融资而被迫进行现金分红，这在一定程度上降低了"半强制分红政策"的效果。李敬（2017）分析了 A 股市场 2005～2013 年连续 8 个年度市场分红数量和分红质量，认为严格的分红监管提高了上市公司现金分红的意愿，但并没有真正改善分红质量。现金分红受到公司内外部各种不同因素的影响，脱离公司实际情况的分红监管，会严重损害公司的经营自主权和分红决策权，现金分红方面的监管必须适当和适度。

孙琅儒（2018）的研究显示，在半强制现金分红制度下，上市公司现金分红的次数与过度投资行为正相关，现金分红的次数越多，过度投资行为越严重；有再融资需求的上市公司，在差异化监管政策下，股利政策对过度投资行为的治理作用较为有效。司晓红和金钰（2018）研究认为，公司的现金分红意愿和现金分红水平与公司的成长性负相关，一些不派发或很少派发现金股利的公司迫于半强制分红制度而派发了现金股利，另一些现金分红较高的公司却有可能降低现金分红水平；上市公司再融资由于过高的现金分红要求而受到较大的不利影响。高文亮等（2018）分析检验了中国 A 股上市公司 2001 ~ 2015 年董事会治理与股利政策之间的关系，发现上市公司现金分红意愿和分红水平与董事会治理效率正相关，但董事会治理对股利政策的具体影响却较为复杂，"半强制分红政策"的强监管反而降低了公司的分红意愿和分红水平，强监管也使董事会的治理作用减弱。

四、评述

将政府对上市公司分红的外部监管政策纳入上市公司股利政策的分析与研究之中，对于规范完善上市公司的股利分配政策具有重要的理论意义和现实意义。从"法与金融"的视角来研究股利政策有着重要的现实意义。从长期实践和发展过程来看，发达国家和新兴经济国家均采取了股利分配政策的政府监管。我国的"半强制分红政策"受到了学术界的高度重视，在实践中也取得了较好的实施效果，尽管还存在一定的局限性和不足，但可以进一步完善。现阶段，关于我国的股息红利税与上市公司分红的外部政策监管的研究仍然处于空白。我们认为，上市公司分红的外部政策监管研究的重点主要包括下列方面：（1）从政策变迁方面，"半强制分红政策"在变迁过程中是否产生了"分红文化"的倡导效应，从而为上市公司的股利政策起到一定的促进作用？（2）股息红利税征收方式的调整，是否符合"半强制分红政策"的政策目标，资本市场的反应状况究竟是怎样的？

第三节 股利政策的行为财务学解释

行为金融学的发展也对现金股利政策行为产生了较大影响。从行为金融学的视角来深入研究现金股利政策，这将拓宽我们的研究思路，为研究提供便利。在翻阅了大量的行为金融学资料后，我们发现行为财务的解释会对现金股利政策产生不可忽视的影响，其更有利于公司治理主体行为特征的理解。本书将对此展开深入研究。

对于行为财务理论而言，其采取的模型相较于其他理性行为分析模型存在较大差异，行为财务理论模型是以微观原理和产生行为的深层次特征为出发点进行分析的，其主要目的是解析社会心理动因、预测资本发展趋势及问题。

一、国外研究现状

林特纳（1956）选取了 28 家美国上市公司，与这些公司的财务总监深入交流了现金分红规则的制定，并设计了现金分红模型。根据这些样本研究得出的结论是具有稳定的红利分配会更好地吸引投资者的注意，因此，上市公司一旦确立了分红政策，就不能随意地进行修改或变更。贝纳茨和塞勒（Benartzi and Thaler，1997）、梅叶斯（2012）按照林特纳的模型对当前支付股利的公司进行研究发现，该模型在股利政策领域仍然有效。

卢埃林等（Lewellen et al.，1978）通过收发问卷的形式对股利问题进行了相关调研，他们发现，对那些经营时间较长的投资人来讲，其更喜欢现金股利的分红方式，因此，其更加青睐股利发放较多的股票。

卡内曼和特韦尔斯基（Kahneman and Tversky，1979）针对分红问题设计出了"期望理论"，通过该理论，我们很容易地就能发现并解决股利政策中存在的一些现象和问题。"期望理论"指出股利决策并不仅仅是由决策行为指定的，其更会受到投资人的期望影响。在即将进行股利分红公告时，投资人大多会在心里为股利分红划分出一定的合理区间，该区间一般是根据投资人综合市场因素及公司因素后做出的经济预测。在进行股利分红公告后，投资人会对分红实际值与心理预期值进行比较。一旦实际红利不在其心理预期范围之内，那么他会重新对公司的价值进行定位和评估。

谢夫林和斯特曼（Shefrin and Statman，1984）是针对投资人的投资喜好和控制能力开展研究的，随着研究内容的深入，他们为股利分红设计了新的模型。他们认为，投资人在投资过程中不仅仅只是对财富的欲望，其中还包含满足心理的欲望，因此在投资人选择投资目标时，其往往会追寻自身的喜爱偏好。

贝克和伍格勒（Baker and Wurgler，2004）的研究是基于完美市场展开的，这是一种完全理想化的状态，为此，他们适当地放宽了"股利无关论"的假定。他们更改了股利分红政策制定的方向，将投资者的偏好及需求放在了股利政策制定的首位。并给出了四种股利分红指标，他们的研究切实论证了"股利迎合"的猜想，即当投资人对股利的需求升高时，公司管理层会立即提升股利支付标准；而在投资人对股利的要求降低时，公司管理层则会适当下调股利政策标准。此种即为"迎合理论"的实际表现，而该理论的核心就是最大限度地随时保证投资人的需求。

二、国内研究现状

对国内的研究而言，我国大部分的经济研究起步均落后于西方发达国家。我国对股利分红政策最早的研究起始于20世纪90年代，而正是由于起步较晚，且东西方文化差异以及市场差异较大，我国对行为财务与股利分红的研究不能很好地借鉴西方国家的研究成果，因此，国内对于行为财务上的股利政策研究仍停留在起步阶段，发表的相关文献较为稀缺。其中具有代表性的文献资料如下：

陈炜（2003）采用上交所1995～2002年公布的数据，观测了上市公司股利公告期间的累计超常收益率（CAR），结果发现我国上市公司一般采用"迎合理论"来制订现金股利分配计划。黄果和陈收（2004）则是基于贝克与伍格勒的研究成果开展研究的，他们从投资人的非理性与公司管理层的理性这两个角度进行分析，得出了公司管理者从投资人的需求角度出发制定股利分红政策的结论。饶育蕾和李湘平（2005）的研究则是针对投资人的需求对股利分红政策的影响展开的。他们发现，现金股利溢价是代表投资人需求的重要指标，公司管理层在制定股利分红政策时十分重视这一指标，表现为一定的"迎合心理"。雷光勇和刘慧龙（2007）则认为受我国实际国情影响，政府因素同样会对上市公司的股利分红产生一定影响。研究结果显示，市场化经济对上市公司股利政策带来了积极的影响，极大地调动了民营企业的积极性。

黄娟娟（2009）的研究则是从行为财务角度出发的，并合理地解释了我国上市公司在股利分红上的"扎堆现象"。她认为，造成此类现象的根本原因是公司管理层在决策上的"羊群行为"。即在制定决策时，忽视公司实际情况，照搬其他企业的股利分红政策。但一般大型企业受行业声誉影响，一般不希望发生此类"模仿"行为。因此，我国的上市公司股利分红政策一般会倾向于大股东，而非中小股东。胡秀群、吕荣胜（2013）研究指出，管理者过度自信和过度悲观的上市公司更容易发生现金股利分配的"羊群效应"，而拥有理性管理者的上市公司不易发生股利分配的"羊群效应"。胡秀群、黄芬（2015）以股权分置改革后的 A 股市场上市公司 2008~2012 年的样本数据进行研究，发现在决定是否支付股利及现金股利支付率时不存在"羊群效应"，但在决定股利支付水平时存在明显的"羊群效应"。董洁、徐向真等（2016）研究发现，上市公司分红行为存在"双重迎合"：一是迎合大股东现金股利需求，大股东具有现金需求，而现金股利为满足其需求提供了可能，管理层鉴于大股东的控制权迎合其现金股利需求；二是迎合中小股东现金股利需求，以彰显自身管理才能，短时间内快速提升企业价值。吕纤、向东进（2017）从股利迎合视角探讨了现金股利行为与股价信息效率之间的关系，以 2013~2015 年 A 股上市公司数据为样本研究发现我国资本市场上存在显著的股利迎合现象，股利迎合行为会降低股价信息效率，加大股价崩盘风险。

三、评述

行为财务理论与经典理论不同的是没有采用理性人假设模式，而是着眼于市场参与者的心理与股利政策之间的关联性并对其加以系统化剖析，所得出的结论能使不少股利"之谜"破解，这是经典理论所做不到的。

1. "自我控制说"对股利政策的解释

"自我控制说"主要强调的是，决策中有人为因素的加入，包括人的情绪、判断有误等原因，知识决策可能并不明智。在人们权衡长短期利益并制定相关策略的情况下，要将不利于长期目标的短期不利行为以自我控制的形式进行规避。自我控制主要有两种形式：一是以个人的意志力来克服；二是基于已有规则而达到控制的目的。可从现实角度分析，因为每个人的意志力有所不同，自我控制情况也因人而异。所以，想要长期目标能顺利达成通常是以规则控制为主要手段。股利与资本收益两者间一般是彼此独立的两部分收益，很难彼此替代（税收与交易成本为0时也不能实现）。在这种情况下，投资者一般会选择将消费向后推迟，若是按照该方向考虑，投资者更倾向于股利获益这种方式，这是由于股利规则能帮助投资者达到自我控制的目的。

2. "后悔厌恶说"对股利政策的解释

"后悔厌恶说"表示人们通常由于曾经的错误而难过，心存负罪感，即后悔当初的抉择。每个人都不喜欢后悔，在这种心理导向下很难做出客观正确的决定。"后悔厌恶"心理同样也适用于投资者与企业管理层。举例来说，在投资环境不清晰、不明朗的情况下，企业负责人通常会采用资本融资与发放股利并行策略；即使公司效益不佳的情况下也不会停止发放股利，主要是想通过这种方式拉动股价，增加企业的价值。同理，在股市环境不明朗的情况下，因为"后悔厌恶"心理的影响，投资者通常对股利收益更为看好，会选这方面有优势的上市企业进行投资。

3. "期望理论"对股利政策的解释

"期望理论"抓住了人们都希望获得更多的收益而不希望出现损失的心理。由于投资者对收益和风险的偏好不同，在损失和收益一定时，对损失的感觉更为敏感和强烈。在这种情况下，期望理论则有别于财务理论的论断即收益和风险对等，很显然，这两种理论得出截然不同的结论。期望理论指出，在股利没有正式公开的情况下投资者会对其进行一定的估算预期，同时会以该期望作为基准进一步对比实际和预期之间的差异性，从而对决策加以调整。基于期望理论在制定股利政策时要注意以下两点：一是投资者对股利下降更为敏感；二是上市公司设计股利政策时要围绕投资者的"期望"而展开。

4. "心理账户理论"对股利政策的解释

"心理账户理论"强调的是，人们会根据不同的收入设置对应的"心理账户"，各个"账户"的风险敏感度存在差异。对于投资者来说，通常收益来自股利和资本获益，对应会建立两个相应的心理账户。意味着股利与资本获益两者的效益及风险存在差异性，不能混为一谈。从风险角度考虑，股利风险要比资本获利风险低一些，在这种情况下，投资者对于股利收益这种方式更为看好，则在投资时更愿意选择支付股利较好的上市公司来投资。这给不少公司即使在亏损状态下依然选择支付股利的行为提供了理论支持。

5. "迎合理论"对股利政策的解释

相对于之前的4种理论来说，该种理论产生的时间比其他理论形成的时间要晚。迎合理论（catering theory of dividend）是贝克和伍格勒（2004）所提出的，基于莫迪格利安尼和默顿·米勒（MM）"股利无关论"而构建。迎合理论和市场时机理论所阐释的内容具有共通性。迎合理论强调的是企业在设计股利政策时围绕投资者的需求而设计出符合投资者预期的股利政策。股价是投资者对于股利所持态度的一种外化表现形式，即"股利溢价"或"折价"。管理层要密切关注股价变化，进而对相应股利政策加以改进调整。很显然，股利政策是以迎合投资者为前提。有鉴于此，这一理论也就能够解释我国上市公司现金股利分配少、热衷高送转的股利分配行为。

行为财务理论框架下的股利政策分析建立在传统股利政策研究的前提下，是对此进行的延展性分析，是基于市场参与者理性人假设而进行的多角度、多层面的分析。现阶段，关于股利行为的理论包括期望理论、自我控制说、迎合理论、心理账户理论等，运用这些理论对股利行为进行深层次剖析。经过研究可以得出股利政策的制定和投资者、管理者挂钩的结论。第一，管理者、投资者的人为因素的参与对股利政策制定起到一定的作用，这对传统股利理论起到了补充作用，很多之前难以解释的问题迎刃而解；第二，对国内外上市公司的股利政策制定与长远发展有所帮助。

从现实层面分析，因股利政策的复杂性及行为财务学理论有待健全，再加上所采用的分析方法较少，样本数量不多，很难面面俱到。具体来讲，一是目前的研究多是以投资者心态与情绪、管理层行为等作为研究切入点，从监管层角度切入来探究股利政策的研究寥寥无几；二是现阶段的研究是对经典理论的延伸与拓展，基本上是对经典理论的细化与健全，不少研究并未围绕行为财务学理论而展开；三是现阶段行为股利理论的探究基本上处在演绎法推论阶段，想要进一步证实推论要进行实证分析，可由于人的心理、认知是动态变化的，想要从心理、认知及动因层面进行实证分析并非易事，所以几乎没有研究者对相关的推论创建模型进行相应的实证分析。

行为财务理论对本书有如下作用：（1）需从利益主体（高管等）层面着手分析上市公司股利政策的产生动因。理由并不复杂，行为主体拥有所有财务决策（分红）的决定权。（2）制度环境是影响财务主体调整财务政策的要素之一，这种推断不失为探究股利行为的全新切入点。所以以治理主体层面作为切入点来探究上市公司股利行为时要将制度环境这一要素分析在内。

第三章
制度背景与理论基础

本章主要阐述了上市公司股利政策优化机制研究的制度背景和理论基础。上市公司股利政策优化机制研究的制度背景主要是上市公司股利政策监管政策、股息红利税政策、股权分置改革、高管激励机制、超常规发展机构投资者战略等制度性影响因素；上市公司股利政策优化机制研究的理论基础是政府管制理论、委托代理理论、利益相关者治理理论、公司治理理论等，这些理论夯实了本书的理论基础。

第一节 制度背景

一、股利分配的监管政策频频出台

上市公司股利分配的监管政策是股市管理制度的一个重要组成部分，也是深化收入分配制度改革和保护投资者合法权益的制度保障。20 世纪 90 年代，我国的股票市场刚处于发展初期，证监会等监管部门管理资本市场的主要目标是维护股票市场稳定，没有重视对上市公司股利分配政策的监管，上市公司股利分配基本处于放任自流的状态，"重融资、轻回报""铁公鸡""一毛不拔"等风盛行。《中国证券期货统计年鉴》（2011）显示，1991～2000 年，A 股累计融资总额超过 1 286 亿元，同时期的现金分红总额仅仅只有 720 亿元，据此计算的股息率只有 0.56%。上市公司低分红、大面积不分红的行为广为市场所诟病。为此，证券监管部门从 2001 年开始，先后于 2001 年、2004 年、2006 年、2008年、2011 年、2013 年、2015 年陆续出台了一系列引导、激励甚至是强制上市公司进行现金分红的政策。

2001 年 2 月 25 日，《上市公司新股发行管理办法》由证监会颁布，该管理办法首次提出了对上市公司进行现金股利分配的要求，即"上市公司最近 3 年未有分红派息，董事会对于不分配的理由未给出合理解释的，主承销商应重点关注并在尽职调查中予以说明"。杨宝（2014）认为这种"说明性"的要求，对于上市公司现金股利分配政策并没有"实质性"的影响和约束。

2004 年 12 月 7 日，《关于加强社会公众股股东权益保护的若干规定》[以下简称《规定》（2004）]由证监会出台颁布。《规定》（2004）对上市公司利润分配方法、分红信息披露提出了"原则性"的规定，即"应将利润分配方法载于公司章程；董事会未做出现金利润分配预案的，应当在定期报告中披露原因，独立董事应当对此发表独立意见"；而且将分红行为与再融资资格挂钩，"上市公司最近三年未进行现金利润分配的，不得向社会公众增发新股、发行可转换公司债券或向原有股东配售股份"，从此拉开了我国"半强制分红监管"的序幕。但《规定》（2004）对上市公司现金分红的具体比例没有做出硬性要求。

2006 年 5 月 6 日，《上市公司证券发行管理办法》[以下简称《办法》（2006）]由证监会发布。《办法》（2006）首次量化了上市公司现金分红具体比例的"硬性"规定，并延续了《规定》（2004）关于分红行为与再融资行为挂钩的硬性条件，即上市公司发行证券应满足"最近三年以现金或股票方式累计分配的利润不少于最近三年实现的年均可分配利润的 20%"。

2008 年 10 月 7 日，证监会出台了《关于修改上市公司现金分红若干规定的决定》[以下简称《决定》（2008）]。《决定》（2008）相较于《办法》（2006），对现金分红监管作了更为严格的修改和调整。具体表现为，一是现金分红方式，仅为"现金分红"，而且鼓励中期现金分红和分红的连续性、稳定性；二是将分红比例从 20% 上调到 30%。

2013 年，证监会颁布了《上市公司监管指引第 3 号——上市公司现金分红》，首次对全部上市公司的现金分红行为做出了规定，并取消了将现金分红行为与再融资行为挂钩的做法。由此，现金分红政策由半强制分红转变为强制分红政策。2013 年，《上海证券交易所上市公司现金分红指引》由上交所出台。该分红指引进一步细化了对沪市上市公司现金分红的监管内容。具体的监管内容包括现金分红政策的备选方案、中小投资者参与机制、提高现金分红水平、现金分红的可持续性、现金分红的事后评价、多样化现金分红方式等。

2015 年出台的政策进一步强化了上市公司完善健全现金分红制度的规定。

二、股息红利税政策相继发布

税收不仅是调节经济的重要杠杆，也是调节收入分配最直接有效的政策工具，或称政策手段。为了规范和引导上市公司现金分红行为，我国政府监管部门多次对股息红利税进行修改和调整。归纳起来，大致可以划分为三个阶段（见表3-1）。

表3-1 股息红利政策变迁历程

阶段	相关法规与通知	发布或实施时间	发布部门	涉及股息红利税条款内容
起始阶段（2005年以前）	《个人所得税法》	1997年1月1日	财政部、国家税务总局	个人投资者持有股票获得的股息收入免缴个人所得税
	《国家税务总局关于外商投资企业、外国企业和外籍个人取得股票（股权）转让收益和股息所得税收问题的通知》	1993年	财政部、国家税务总局	我国境内企业所取得的股息（红利）所得，暂免征收企业所得税和个人所得税
	《关于个人所得税若干政策问题的通知》	1994年	财政部、国家税务总局	外籍个人从外商投资企业取得的股息、红利所得，暂免征收个人所得税

阶段	相关法规与通知	发布或实施时间	发布部门	涉及股息红利税条款内容
调整阶段（2005～2012年）	《关于股息红利个人所得税有关政策的通知》	2005年6月13日	财政部、国家税务总局	个人投资者现金红利：减为按所得的50%计征10%个人所得税；股票股利：按10%税率缴纳个人所得税，以派发红股的股票票面金额为收入额计征
	《中华人民共和国企业所得税法》	2008年1月1日		符合条件的居民企业之间的股息、红利等权益性投资收益为免税收入；并且居民企业直接投资于其他非居民企业获得的股息、红利等权益性投资收益，不必再按税差补税
	《国家税务总局关于我国居民企业向QFII支付股息、红利、利息代扣代缴企业所得税有关问题的通知》	2009年1月23日	国家税务总局	合格境外机构投资者（QFII）取得来自我国境内的股息、红利和利息收入应当按照《企业所得税法》规定缴纳10%的企业所得税
差别化征收阶段（2013年）	《股息红利税差别化征收政策》	2013年1月1日	财政部、国家税务总局	自2013年1月1日起，对个人从公开发行和转让市场取得的上市公司股票，股息红利所得按持股时间长短实行差别化个人所得税政策：持股超过1年：税负为5%；持股1个月以上至1年：税负为10%；持股1个月以内（含1个月）：税负为20%

续表

阶段	相关法规与通知	发布或实施时间	发布部门	涉及股息红利税条款内容
差别化征收调整阶段（2015年）	《关于上市公司股息红利差别化个人所得税政策有关问题的通知》	2015年9月8日	财政部、国家税务总局	自2015年9月8日起，对个人从公开发行和转让市场取得的上市公司股票，股息红利所得按持股时间长短实行差别化个人所得税政策：持股超过1年：税负为0；持股1个月以上至1年：税负为10%；持股1个月以内（含1个月）：税负为20%

1. 2005年以前股息红利税的起始阶段

这一阶段，《中华人民共和国个人所得税法》《国家税务总局关于外商投资企业、外国企业和外籍个人取得股票（股权）转让收益和股息所得税收问题的通知》《关于个人所得税若干政策问题的通知》等法律法规，规定了个人或企业有关股息红利税的征收事宜。

2. 2005~2012年股息红利税的调整阶段

这一阶段，财政部、国家税务总局对于个人投资者、居民企业、QFII股息红利税都做了重要调整。

3. 2013年股息红利税差别化征收阶段

这一阶段，为了降低长期投资者的红利税负，遏制投机行为，引导价值型投资，政府监管部门颁布实施了"红利税差别化征收"政策。

4. 2015年股息红利税差别化征收调整阶段

这一阶段，为了进一步支持和鼓励长期投资者投资，抑制我国资本市场上的短期炒作，财政部、国家税务总局对于持股时间超过1年的投资者暂免征收股息红利税。

三、高管激励机制亟待完善

高管激励机制一直是企业、监管层与社会公众关注和争论的焦点，激励契约通常是系列契约的组合。目前，我国上市公司对高管实行的激励分为物质激励和非物质激励两种形式（马其家，2011）。物质激励主要包括货币薪酬（即年薪制）和股权激励两部分，也有学者（陈冬华，2010）将高管在职消费认为是一种比货币薪酬激励更为主要的隐性物质激励方式；非物质激励的方式主要指政治晋升等。

从高管年薪制来看，我国上市公司高管货币薪酬经历了从"管制过度"的低收入到薪酬设计随意性大的"天价薪酬"。20 世纪 80 年代到 21 世纪初，我国政府对高管人员收入实行严格管制，将高管人员的收入与企业职工工资水平进行挂钩，使得企业高管人员货币性收入普遍偏低。据 2001 年的一份抽样调查统计，近 90% 的国有企业高管年薪不足 10 万元，其中 41% 不足 2 万元，明显低于民营企业高管年薪。[①] 近年来，随着市场化程度的提高以及对高管激励的重视，上市公司高管薪酬呈现出"增长过快"和"天价薪酬"的态势，而且高管收入与公司业绩基本不存在相关性，甚至存在高管人员自定薪酬的现象。[②] 2007 年的统计数据显示，沪深两市 1 600 多家上市公司高管年薪平均 54.8 万元。而在2008 年金融危机期间，上市公司的现金分红锐减，但高管的薪酬却是不减反增，出现"倒挂"现象，高管"天价薪酬"引起社会广泛质疑。

我国在 20 世纪 90 年代才开始引入股权激励机制，股权激励制度起步较晚。政府先后出台了《关于国有高新技术企业开展股权激励试点工作指导意见》(2002)、《上市公司股权激励管理办法（试行）》（2004）、《国有控股上市公司（境内）实施股权激励试行办法》（2005），这些管理办法对推动实施高管股权激励起到了一定的作用。《上市公司股权激励管理办法（试行）》《国有控股上市公司（境内）实施股权激励试行办法》在 2006 年先后颁布实施，这些管理办法

---

① 于小龙：《国企高管薪酬：一场糊涂的牌局》，http://finance.sina.com.cn/g/20080509/13544850826.shtml。
② 高明华：《2009 中国上市公司高管薪酬指数报告》，经济科学出版社 2010 年版，第 76 页。

进一步使高管股权激励迅速推进。

从 A 股市场整体公告数量上看，2017 年 A 股市场披露股权激励计划的上市公司数量呈快速增长态势。2017 年全国共有 396 家上市公司共计 407 个股权激励计划公告，同比 2016 年增长 62.15%，按月度计算，平均每月上市公司就会推出 34 个股权激励计划。纵观 2006～2017 年历年数据，A 股市场股权激励公告数量以年均增加 32 个计划的速度增长，年均增长率接近 30%。这些公司的股权激励方式主要以股票期权和限制性股票为主。上市公司实施高管股权激励，有效提高了高管在公司中的持股比重，提升了高管在公司中的地位和话语权，改变了高管在公司各项决策中的角色与动机。2018 年回购新规的出台，盘活了上市公司股权激励的股份来源形式，增加了股权激励方案的灵活度。2018 年 A 股上市公司股权激励计划总体公告个数达 409 个，创下了历史新高。

在职消费作为一种隐性的货币薪酬，在我国高管激励契约中占有极其重要的地位，特别是由于我国资本市场不成熟、制度不健全，在职消费普遍存在。陈冬华等（2010）统计分析了 1999～2008 年 A 股上市公司的出国培训费、业务招待费、差旅费、办公费、会议费、通信费、小车费、董事会费八项费用的平均总额是 17 338 000 万元，而同期高管货币薪酬的均值仅为 1 477 800 万元。这一结果说明，高管的在职消费是一种比显性的货币薪酬激励更为有用的激励方式。从代理理论的视角看，我国高管过度的在职消费侵蚀了公司利润，严重损害了股东利益。高管在职消费"消耗"了属于股东的内部现金流，在现金流水平较低时公司现金分红能力和积极性都会明显不足。因此，在职消费对公司的现金分红行为产生了很大的负面影响。

四、股权分置改革快马加鞭

股权分置是我国经济体制转轨过程中形成的问题。长期以来，我国深沪两市的上市公司存在着股权分置的格局，即流通股股东和非流通股股东"同股不同权"，使得控股非流通股股东主要采取"隧道效应"行为来获利，即非流通股股东通过关联交易、增发配股、高派现等手段盗窃、非法侵占上市公司的优质资产和利润，使得上市公司盈利能力和企业价值下降，负债融资能力受限，资本结构偏离最佳目标值[①]，股权分置改革已迫在眉睫。

2005 年，我国密集出台了一系列股改指导意见和管理办法。证监会于 2005 年 4 月颁布《关于上市公司股权分置改革试点有关问题的通知》，拉开了股改的序幕；紧接着，财政部、国资委等三部委于 2005 年 8 月联合发出《关于上市公司股权分置改革的指导意见》，全面启动股权分置改革；2005 年 9 月，证监会又颁发了《上市公司股权分置改革管理办法》。股改紧锣密鼓，快马加鞭。截至 2007 年底，沪深两市已完成股权的公司占上市公司总额的比例为 96%，我国证券市场的股权基本完成（王新霞、刘志勇、孙婷，2011）。随着股改的完成、股票全流通的实现，上市公司同股不同价的顽疾得以消除，公司的治理机制、股东利益取向等发生重大变化。

股份全流通使控股股东利益取向发生重大变化。控股股东利益实现的主要方式是获得资本利得收益。股权分置改革后，大多原非流通股东（控股股东）持有的股份可以上市流通，与中小股东利益关联在一起，因此，控股股东会更加关注股票的市场价值表现，其利益取向也会从股权分置时期的侵占中小股东利益的行为，转向关注公司的长远发展和长期市场价值。这种收益实现方式和利益取向会极大改变控股股东的行为模式和行为方式，改变控股股东在公司决策中的角色与行为。现金分红在股权分置改革之前是控股股东进行"利益输送"的手段，而在全流通时代，控股股东会认真考虑不分红、恶意分红等对公司产生的不良影响，会在现金分红决策中采取更加积极的治理措施。

五、机构投资者发展战略全面推进

散户是我国资本市场早期的投资主体。1996 年券商、信托投资公司等机构才开始投身股市。自 1997 年开始，特别是在我国"超常规发展机构投资者的战略思路"的推动下，证监会等相关监管部门先后于 2001 年、2002 年、2003 年、2004 年、2005 年、2006 年、2007 年、2011 年发布实施了一系列发展机构投资者的政策、法规（见表 3 - 2），使我国资本市场机构投资者在数量和规模上得到

[①] 于久洪、陈宝峰：《股权分置改革对我国上市公司的隧道效应的影响研究》，载于《统计与决策》2010 年第 10 期。

了飞速发展。

表 3 - 2   机构投资者发展政策法规与发展情况统计

年份	机构投资者发展政策法规名称	机构投资者发展情况
1997	《证券投资基金管理暂行办法》	
2001	《全国社保基金投资管理暂行办法》	第一只开放式基金——华安创新成立
2002	《合格境外机构投资者（QFII）境内证券投资管理暂行办法》	合格境外投资者 QFII 制度实施
2003	《中华人民共和国证券投资基金法》	社保基金入市
2004	《保险机构投资者股票投资管理办法》	
2005	《关于保险机构投资者股票投资交易有关问题的通知》	保险基金直接入市进入实质阶段
2006	《合格境外机构投资者（QFII）境内证券投资管理办法》	合格境外机构投资者 QFII 境内投资业务拉开序幕
2006	《我国上市公司治理准则》	明确提出"机构投资者应在公司董事选任、经营者激励与监督、重大事项决策等方面发挥作用"
2007	《合格境内机构投资者（QDII）境外证券投资管理试行办法》	2007 年以来，基金管理公司、证券公司等为境内居民提供境外理财服务业务逐步展开，已形成证券投资基金、券商、QFII、保险基金、信托、财务公司、社保基金等多元化机构投资者并存的发展格局；机构持股比例从 2005 年底的 5.148% 增长到 2011 年底的 35.41%
2011	《基金管理公司、证券公司人民币合格境外机构投资者境内证券投资试点办法》	

随着机构投资者数量和规模的突飞猛进，"股东积极主义"的观点不断被学界和业界所推崇。普遍认为，机构投资者相比散户投资者具有以下优势：其一，在公司决策中会积极行使权利，"搭便车"情况较少；其二，机构投资者具有专业优势、信息优势、资金优势，他们会利用自身优势监督公司的运营，参与公司治理。因此，随着我国资本市场机构投资者规模、数量、持股比例的不断壮大和成熟，机构投资者会在公司治理中发挥积极的监督治理作用，能有效遏制

上市公司"不分红""恶意分红"等非理性行为，促使上市公司注重投资者
回报。

第二节　理 论 基 础

本书研究的理论基础主要是政府管制理论、委托代理理论、利益相关者治
理理论、公司治理理论等，这些理论奠定了本书研究的理论基础。

一、政府管制理论

政府管制也称管制，是指政府的许多行政机构，以治理市场失灵为己任，
以法律为依据，以大量颁布法律法规、规章、命令及裁决为手段，对微观经济
主体（主要是企业）的不完全公正的市场交易行为进行直接控制或干预。茅铭
晨（2005）认为，政府管制从法律的角度讲，是管制性行政主体根据法律法规
的授权，为追求经济效益和社会效益的帕累托最优及维护社会公平和正义，对
经济及其外部性领域和一些特定的非经济领域采取的调节、监管和干预等行政
行为；从国家制度的层面上看，它已经成为政府管理的一项重要法律制度。[①]　王
俊豪（2001）认为，政府管制的构成要素包括政府管制的主体、客体和各种规
则。政府管制的主体是政府行政机关（以下简称"政府"），这些行政机关被称
为管制者；政府管制的客体是各种经济主体（主要是企业），通常被称为被管制
者；政府管制的主要依据和手段是各种规则（或制度），明确规定限制被管制者
的决策，如何限制以及被管制者违反规则将受到的各种制裁。[②]　政府管制的各种
规则（或制度）是最关键的，这些规则可能是法律，或是法律效力较低的各项
规定，如《中华人民共和国个人所得税法》《关于股息红利个人所得税有关政策

---

① 茅铭晨：《政府管制法学原论》，上海财经大学出版社 2005 年版，第 11 页。
② 王俊豪：《政府管制经济学导论》，商务印书馆 2001 年版，第 2 页。

的通知》《股息红利税差别化征收政策》等。政府管制的目的是克服市场失灵和市场效率的损失，政府通过直接干预市场配置机制，或间接约束和激励市场主体的决策行为，优化配置整体社会资源，实现社会福利最大化。

政府管制分为经济性管制和社会性管制。经济性管制主要是对公用事业、自然垄断行业和金融业等特定行业在准入、定价、费率等方面的监管和干预，重点是针对具有自然垄断、信息不对称等特征的行业，其主要目的是防止资源低效配置和确保服务供给的公平性；社会性管制主要从环境保护、安全、健康保证、社会保障等目标出发而对企业活动所实施的管制，它是以保障劳动者和消费者的安全、健康、卫生、保护环境、防止灾害等为目的。社会性管制不以特定产业为研究对象，而是围绕如何达到一定的社会目标，实行的是跨产业、全方位的管制。

政府管制理论经历了一个不断发展变化的过程，形成了公共利益管制理论、集团利益管制理论和激励性管制理论。政府管制的公共利益管制理论的核心是纠正市场失灵，提高资源配置效率，增进社会福利。集团利益管制理论是利益集团寻求管制以增进其利益，从而在公共政策形成中发挥作用，可分为"管制俘获理论"和"管制经济理论"（杨宝，2014）。激励性管制理论认为，信息不对称加剧了管制者和被管制者之间的道德风险和逆向选择，通过设计管制激励方案可以有效解决激励相容问题。

政府管制理论对我们研究的启示在于，一方面，我国上市公司在利润分配政策方面存在"铁公鸡"与"现金奶牛"并存，分红结构异化，分红的连续性和稳定性差，高管"天价薪酬"，过度在职消费等，反映出市场已经失灵，需要政府干预和适度监管；另一方面，根据激励性管制理论，在上市公司股利政策方面如果能引入激励性机制，内部激励机制与外部管制机制相结合，一定能扭转和改变上市公司不正常的分红行为。

二、委托代理理论

委托代理关系本质上是一种契约关系，委托人指定或委托代理人为其提供服务，并根据代理人提供服务的情况支付相应报酬。在委托代理关系中，委托方和代理方的利益往往是不一致甚至相冲突的，且委托方和代理方之间信息不对称，因此，为了最大限度地规避代理方的"道德风险"和"逆向选择"，委托方需要建立有效的约束机制，将双方利益捆绑在一起，防止代理方为了自身利益而损害委托方利益（杨宝，2014）。

委托代理理论是现代公司治理理论的基础，它是基于信息不对称的理论发展起来的，其核心就是解决在利益相冲突和信息不对称情况下，委托人对代理人的激励约束问题（刘有贵，2006）。代理问题在现代公司中普遍存在，成为现代公司治理的核心议题之一。由于管理层与股东之间存在利益冲突，在股权结构高度分散的公司中，管理层掌握了公司的控制权和内部重要信息，其通过控制权优势和信息优势损害股东利益，谋求最大化自身利益，由此产生了管理层与股东之间的代理问题。在股权结构相对集中的上市公司中，控股股东会利用控制权优势为自己谋取私利，如转移公司的资产、侵吞公司的利润、恶意分红等，这些被称为"隧道行为"，由此诱发了上市公司控股股东与中小股东之间的代理问题。

为了解决代理问题，降低代理成本，从委托人的角度，可以制定激励机制，将委托人与代理人利益绑在一起，如上市公司给予高管股权激励，促使管理层为公司治理尽心尽力。机构投资者参与公司治理，在公司重大决策中发挥监督作用，能够缓解和限制公司的代理问题，降低公司的代理成本。机构投资者股东积极主义在美国等发达资本市场的治理效果及《G20/OECD 公司治理原则》（2016）的最新修订，亦肯定机构投资者在公司治理实践中的重要作用（陈键，2017）。

基于"自由现金流量假说"的代理成本问题，上市公司现金分红可降低管理层和控股股东可操控的自由现金流，从而降低管理层和控股股东侵占公司资源的可能性。然而，我国上市公司控股股东"一股独大""管理层控制"，导致"低分红""超能力派现"等极端分红案例层出不穷，说明现金分红并未能有效缓解代理成本问题。为了使控股股东、高管在上市公司股利政策治理中发挥积极作用，可以从三个方面入手：一是高管代理问题，通过制定有效的高管激励机制，将高管与股东利益捆绑在一起，促使高管在股利分配政策决策中兼顾股东利益；二是控股股东代理问题，应该强化对控股股东行为的监管，引导控股股东在上市公司股利分配政策中扮演良性的治理角色；三是发挥机构投资者在上市公司股利政策决策中的积极治理作用。

三、公司治理理论

威廉森（Williamson，1975）在《现代公司的治理》中最早提出"治理结构"这一概念，引起了学界对公司治理的广泛关注，学者们纷纷从不同角度对公司治理进行界定和论述，形成了狭义和广义的内部治理，狭义的公司治理是指内部治理，广义的内部治理包括公司的内部治理和外部治理。公司治理的研究主线，一是通过监控高管层来保护股东利益；二是通过监控高管层来保护相关利益者的利益。由此形成了股东、经理层和董事会关系论，管理层对相关利益者责任论，经理层激励论，高管、股东、董事会和公司其他利益相关者关系论等不同观点。

我国理论界对公司治理进行了广泛的研究，形成了丰富的研究成果。吴敬琏（1994）认为，所有者、董事会和高级管理者三者之间组成的组织结构称为公司治理结构，需要明确划分股东、董事会、高级管理者各自的权力、责任和利益，形成三者之间有效的制衡，才能有效完善公司治理。林毅夫（1997）认为，"所谓的公司治理结构，是指所有者对一个企业的经营管理和绩效进行监督和控制的一整套制度安排"，人们通常关注的是公司内部治理结构。张维迎和李维安都认同广义的公司治理概念。张维迎（1999）认为，狭义的公司治理结构是有关股东权力、董事会功能与结构等方面的制度安排；广义的公司治理是有关公司控制权和剩余索取权分配的一整套法律、文化和制度性安排，这些安排有助于控制公司风险，实现公司目标。李维安（2004）认为，狭义的公司治理主要是指股东大会、董事会、监事会及管理层所构成的公司内部治理结构，是股东对经营者的一种监督与制衡机制；广义的公司治理是通过一套正式或非正式的制度或机制来协调公司与所有利益相关者之间的利益关系。

基于上面的分析可以看出，公司内部利益主体包括董事会、高管层、监事会和股东大会之间的权力分配与制衡机制构成了公司内部治理机制；公司外部利益主体包括行政监管部门、机构投资者、金融机构、消费者、供应商、社区等构成了公司外部治理机制。治理结构和治理机制是公司治理两个最重要的方面，这两个方面都是紧紧围绕治理利益主体之间的权力、利益、责任展开，也就是各治理利益主体之间的权力制衡和利益分配机制构成了公司治理机制的核心和关键。

公司治理理论对我们研究的启示如下：一是在股利分配决策中，我们需要重视发挥内外部治理主体在股利政策决策中的积极作用，强化他们在股利政策决策中的话语权。二是上市公司制定现金分红政策的关键在于制衡，重视各治理利益主体间在分红决策中的制衡、外部政府监管的制衡等。三是上市公司股利政策治理机制的设计需要非常重视激励相容。特别是在股权结构相对集中的情况下，当大股东直接参与公司治理时，经理与股东之间的利益冲突不再是公司主要的代理问题，如何保护外部投资者的权益不受控股股东的剥削成为公司治理关注的重点。因此，如何设计一套激励机制将各利益相关者的利益捆绑在一起，尤为关键。

四、利益相关者治理理论

利益相关者理论是相对于"股东利益至上论"而兴起的，它是当代管理学、经济伦理学领域一个重要的理论分支。所谓利益相关者，国内外学者从不同的研究视角给出了不同的定义。弗里曼在其著作 *Strategic Management：A Stakeholder Approach* 中，从战略管理的角度对利益相关者做出了颇为宽泛的界定，即"任何能够影响企业组织目标的实现，或受企业目标实现影响的团体或个人"，并系统论述了利益相关者的理论。该理论认为企业的经营管理者应该综合考虑各个利益相关者的利益诉求，并寻求平衡。利益相关者理论与"股东利益至上理论"不同，前者认为虽然股东是企业的所有者，但是企业的发展依靠的是各利益相关者的共同努力和参与，因此，企业应该追求利益相关者的整体利益，将社会财富最大化作为公司治理的目标。

布赫霍尔茨（2003）从经济伦理学的视角，认为利益相关者是"在一家企业中拥有特定权益的团体或个人"，与企业有关的社区、自然环境也属于利益相关者的范畴。龚天平（2011）认为，企业与利益相关者之间具有坦诚相待、平等互利的伦理关系，企业应重视利益相关者的各种利益诉求。综上可见，利益相关者理论的核心思想是综合考虑利益相关方的诉求，实现共同利益最大化。

利益相关者治理实质上还是公司治理。威廉和弗里曼（William and Free-man，1993）认为，公司应该根据利益相关者的特性和利益诉求来调整各项决策，平衡协调好不同利益相关者之间的利益关系。李维安、王世权（2007）认真梳理分析了利益相关者治理理论的观点，归纳出三种治理观：一是股东治理观，这是以股东利益为中心的治理观，把股东财富最大化作为公司目标，忽略了包括政府在内的相关利益者的利益以及企业的社会责任。二是利益相关者共同治理观，其核心就是经济民主化。通过有效的公司治理来保证各利益相关者的剩余索取权与控制权，保障剩余索取权与控制权的合理分配与相互制衡。利益相关者治理理论强调"合法性、权威和责任"的平衡，注重制度系统的内在平衡，也符合组织（企业）系统的互动和开放式网络，但是其权益主体过于宽泛，不便于实际操作。三是关键利益相关者治理观，即大股东或机构投资者、核心员工治理。

利益相关者治理对我们的研究具有如下启示：（1）公司利益相关者不仅包括投资者、员工、高管层、董事会、监事会等，而且包括政府监管部门、社区等其他组织。因此，利益相关者共同治理对上市公司股利政策决策至关重要，这为证监会等行政监管部门适度介入企业分红监管提供了理论支撑。（2）在分红决策中，兼顾各相关利益主体的利益诉求，既要考虑高管层、控股股东的需要，更要兼顾中小股东等弱势利益方的利益。

第四章
"半强制分红政策" 的效应分析

由于新兴市场对投资者的法律保护较差，上市公司分配现金股利便成为保护投资者的重要机制。新兴市场中一些国家施行了强制分红政策，硬性规定上市公司将一定比例的利润以股利形式分派给投资者。如韩国上市公司现金分红的强制监管；巴西《公司法》明确规定了 25% 的强制分红比例。因此，从世界各国新兴市场的实践经验来看，政府监管对于保护投资者利益、规范上市股利分配政策行为是非常重要的。但是，强制性或半强制性分红政策的监管效果如何，还没有定论。

我国证监会等部门于 2001 年、2004 年、2006 年、2008 年、2013 年出台了一系列将上市公司股利分配行为与再融资资格挂钩的"半强制分红政策"（李常青，2010）。《关于修改上市公司现金分红若干规定的决定》（证监会，2008）规定上市公司公开发行证券的条件之一是，近 3 年累计分红利润必须大于近 3 年实现利润的 30%，这是自我国证监会首次推出强制分红政策以来，所规定的分红比例的最高要求。2018 年上交所首次组织上市公司就现金分红政策和实施情况面对面地接受媒体和投资者的集中提问，要求公司高度重视现金分红工作。那么，值得研究的问题是，"半强制分红政策"对具备股权再融资需求的上市公司的利润分配政策有何影响？证监会的"明线监管"能有效提高上市公司的现金股利分配水平吗？能提高投资者的现金股利回报、保障投资者利益吗？

本章主要实证检验我国一系列"半强制分红政策"对具备股权再融资动机的企业股利政策的影响。我们的研究进一步充实了"半强制分红政策"的研究文献；揭示了"半强制分红政策"的经济后果；充实了新兴市场经济体中，政府制定股利政策监管政策的实证依据。

第一节 "半强制分红政策" 的影响效应——基于 DID 模型的实证检验

一、制度背景与研究假设

(一) 半强制分红监管政策的背景

充足适量的发放现金股利是保障股东利益的重要条件，也是公司破除信息壁垒、向资本市场传递公司运营情况的重要信息渠道，现金股利能抑制国有企业过度投资（魏明海和柳建华，2007）、在职消费（罗宏和黄文华，2008）及过度投资等自利行为（王国俊和王跃堂，2014）。对资本市场的健康运行，上市公司的永续发展起到了压舱石的作用。鉴于此，不难理解，我国证监会等政府监管部门对企业分红的半强制监管存在强烈动机。下面将论述我国"半强制分红政策"的出台背景与政府监管动因。

1. 出台背景

首先，上市公司将资本市场作为"圈钱工具"已是普遍现象。资本市场的基本功能是实现资金融通、合理有效配置资源、促进企业兼并重组、改善公司治理结构、促进产业结构的优化调整。上市公司进入资本市场的主要目的是进行融资以缓解资金需求，实现快速发展，提升公司利润；而作为回报，上市公司应当按比例将利润分配给投资者，以满足股票投资者的投资动机；投资者出资以获取股利、融资者融资以获得发展，是资本市场的"初衷"。

但是，从现实情况看，大多数上市公司"重筹资、轻回报"，甚至将资本市场所融得的资金"据为己有"，而不履行股东回报之义。"门槛"股利、"微股利""铁公鸡"成为上市公司分红行为的普遍现象（魏志华、李茂良和李常青，

2014）。这种现象导致股权筹集的资金成为最低廉的资金，上市公司将资本市场当作"圈钱"工具，进而产生了资本市场上的投机行为泛滥，资源配置功能减弱。所以，将股权再融资资格与分红水平挂钩，正是政府监管部门针对"圈钱市"现象对症下药的应对措施。

其次，上市公司内部治理失效带来了严重的委托代理问题。大股东带来的"掏空效应"往往体现为"过度投资"与"关联交易"。而这类代理问题，可以通过现金股利的方式有效缓解。有研究发现，现金股利能显著降低公司管理层与股东之间的第一类代理成本和控股股东与中小股东之间的第二类代理成本（徐寿福和徐龙炳，2015）。魏志华等（2017）研究发现，上市公司派现可以有效降低两类代理成本，而现金股利变动，尤其是现金股利增加则可以有效传递公司未来盈利变动的信号；相比而言，有再融资动机的上市公司通过派现降低两类代理成本、发送股利信号的作用显著更弱。在"半强制分红政策"背景下，有再融资动机的上市公司分红行为受到了明显干预。如果不对上市公司大股东的行为进行有效监管，上市公司不发放现金股利，或选择较低的股利支付率的可能性更大。我国上市公司中国有企业占比很高，其治理结构传承了国有企业内部人控制、一股独大、股权结构分置等先天缺陷。国有企业的管理层出于自身职业发展考虑，更偏好保留较多的留存收益以应对各种危机，在不存在强制分红措施的情况下，积极进行现金分红的可能性非常小。实证研究结论显示，大股东可能偏好更多的自由现金流，并采用关联交易的手段实现私人利益，因而采取不分红或者少分红的股利分配政策。也有研究表明，高额现金股利沦为大股东的套现工具，恶意分红、超额分红使上市公司资产流失。总而言之，我国上市股利分配政策行为严重"异化"，"低分红""铁公鸡"与"现金奶牛"现象并存。股权分置改革的实施一定程度上纠偏了这些"异象"。但是总体上来讲，上市公司的分红水平仍然不容乐观。应该说，在我国上市公司内部治理结构失效、现金分红"异象"频出的背景下，政府监管介入上市公司的股利分配行为具有一定的必要性。

2. 监管动因

遏制上市公司非理性现金分红行为是首要监管动因，以此来确保上市公司股利分配政策的科学合理性。20 世纪 90 年代以来，我国很多上市公司出现了"股利异象"行为，比如股息率偏低、股利政策的稳定性弱等。为了解决这些问题，很多学者纷纷投身于相关问题的研究中，一时间上市公司股利分配行为成为热门研究课题。近年来，我国上市公司股利监管力度逐渐增强，这也促使各上市公司开始规范其股利行为，但股息收益率仍未得到有效提高，并且出现了一系列新的问题，比如周期倒置、行业倒置、板块倒置等。

我国正处于经济转型的关键时期，上市公司的治理水平对国家经济发展影响重大，上市公司治理效率低下已经影响到投资者的投资积极性，这显然不利于我国宏观经济的健康发展。为此，我们认为加强外部监管已经迫在眉睫，国家应出台一系列强制性股息政策措施，让上市公司能够充分满足股东的投资回报需求。

第一，强化上市公司股利分配行为监管，遏制上市公司的非理性分红行为，提高现金分红决策的合理性和科学性。20世纪90年代以来，我国上市公司在现金分红政策方面存在的种种弊端，更深层次地反映出我国上市公司治理结构不合理、公司治理水平低下。低效率治理制度难以正确引导上市公司进行科学的股利政策决策（Vishny and Shleiferi，1997），所以有必要依托外部强制性监管来保障股东的合法权益。

第二，强化上市公司股利分配行为监管能够改善我国资本市场上"圈钱"的风气，优化市场资源配置效率。我国上市公司普遍有"股权融资"偏好，股权融资和再股权融资变成了"圈钱"工具。证监会相继出台了《上市公司新股发行管理办法》《关于加强社会公众股股东权益保护的若干规定》等一系列监管法规，这些法规直接将上市公司的股权再融资资格与现金股利政策挂钩，从中不难看出国家对上市公司利用资本市场"圈钱"的行为十分无奈。

第三，强化上市公司股利分配行为监管是有效保障股权投资者利益的重要途径，也有助于正确引导投资者进行价值投资。在我国资本市场实践中，股权投资者主要通过以下两种途径来得到股票投资收益：一是股票买卖利差的资本利得；二是上市公司股票现金分红。所以国家多次出台了一系列有关资本市场的监管政策措施，希望能够有效提升我国资本市场股利水平，以此来激发各投资者的投资积极性，并且帮助投资者树立健康正确的价值投资理念。

(二)"半强制分红政策"的发展历程

我国"半强制分红政策"的发展大致经历了以下两个阶段：

1. 半强制分红的"监管萌芽"阶段

我国证监会于 2001 年 2 月下发了《上市公司新股发行管理办法》[以下简称《办法》（2001）]，该办法被称为我国上市公司股利分配政策监管的"第 1 号令"，为进一步完善我国上市公司新股发行制度起到了重要的推动作用。该办法第二章第十一条明确规定"上市公司超过三年未分红派息的，公司董事会应给出合理解释，否则应由主承销商加大对其关注并在尽职调查中明确说明情况"，这也是我国法律首次在上市公司新股发行与配股行为的相关规定中引入有关分红行为的说明性要求，尽管这并非强制性要求，但也标志着我国上市公司股利分配政策进入"半强制"阶段。

2004 年 12 月，我国证监会为了进一步加强对投资者权益的保护，下发了《关于加强社会公众股股东权益保护的若干规定》，该规定第四款明确规定："各上市公司必须注重对投资者回报的发放，并在公司章程中明确记载利润分配方法；若公司董事会尚未制定现金利润分配预案，则必须在当期财务报告中予以说明原因，且由公司独立董事会对此发表独立意见；公司在最近三年中未能实现现金利润分配的，无法再向社会增发新股、发行债券以及向原有股东配售股份。"这一规定进一步强化了对上市公司进行现金分红的要求，同时也是我国法律首次明确要求上市公司现金分红和再融资资格"挂钩"，其强制性逐渐凸显出来。

2. 半强制分红的"实质监管"阶段

虽然我国证监会在上述规定中明确要求上市公司的再融资资格和其现金分红"挂钩"，但对于一些股权再融资（Seasoned Equity Offering，SEO）上市公司而言，这些规定并未对其现金分红行为带来实质性影响。究其原因，是这些规定太过"象征性"，上市公司只用"意思意思""象征性分红"便完全满足相关规定。为此，我国证监会等监管部门相继设立了一系列细化要求，逐渐让我国"半强制分红监管"更具实质性。

2006 年 5 月，我国证监会下发了《上市公司证券发行管理办法》，其中对证券发行、投资者与公众利益的保护进行了明确规定。在该办法第一章第八条明确规定："上市公司在最近三年内以股票或现金方式累计分红不得低于期间可分配利润的 20%。"该办法是我国首次具体量化上市公司股利分红标准，同时明确规定以"最近三年"作为考核期，相较于《规定》（2004），这一办法所具有的

"强制性"特征更加明显。

2008年10月，我国证监会为了进一步规范国内上市公司现金分红行为，下发了《关于修改上市公司现金分红若干规定的决定》，其中规定"鼓励上市公司发放中长期现金分红，且近三年内以现金方式累计分配的利润不得低于同期实现的年均可分配利润的30%"。这一决定的门槛比《办法》（2006）高很多。这种严格的高要求主要体现在以下两点：一是明确规定了分红方式，即"现金分红"；二是明确规定了分红数量，即从原先的"20%"提高到"30%"。

（三）"半强制分红政策"的效应

目前学术界关于我国证监会"半强制分红政策"的研究成果并未取得一致的结论，不同学者纷纷从不同角度展开研究，提出了各不相同的看法。有些文献研究显示，半强制分红监管充分协调了公司内部治理与外部监管之间的矛盾，"半强制分红政策"的基本监管目标得以实现。李茂良等（2014）研究发现，政府颁布的分红监管文件的执行效果，大大优化了证券市场结构与规范了参与者行为；并使越来越多的上市公司制定了相对稳定的股利政策。沈一峰和杨毅（2004）在研究中指出，投资者对于具有更高自由现金流治理水平的上市公司有更高关注度，这也充分肯定了我国"半强制分红政策"对于提高投资者投资积极性的作用。尹中立（2012）立足于政策动因角度指出我国目前的"半强制分红政策"具有其合理性。

另外一些文献则显示了不同的研究结论。在众多的研究中，管制总是带来种种争议（郑或豪，2017），或产生监管悖论。陈华等（2012）的研究表明，"半强制分红政策"中的"一刀切"做法存在明显的"监管悖论"，其本身的科学性有待商榷。皮海洲（2011）基于遏制上市公司"圈钱"行为的角度，认为当前我国"半强制分红政策"并未达到预期目标，需要在监管政策上做进一步改进。佟锦霞（2017）进一步研究发现，在以净资产收益率作为公司价值衡量指标时，"半强制分红政策"在短期内降低了有直接再融资需求的上市公司价值，长期来看该政策对受其影响的上市公司价值和股利支付水平的影响有限，并没有达到提高现金分红、保护中小投资者利益的初衷。由于分红监管政策没有考虑市场参与者的异质性与偏好，导致半强制现金分红监管政策的执行效果不佳。从产品市场来看，定量"半强制分红政策"弱化和扭曲了产品市场竞争与现金股利之间应有的相关关系，2006 年之前即定性政策阶段，现金股利政策与产品市场竞争存在显著正相关关系，2006 年之后即定量政策阶段，现金股利政策与产品市场竞争关系发生逆转，呈显著负相关关系（吴世农和宋明珍，2016）。李常青等（2010）通过实证研究得出的结论是，因为我国的市场投资者相比现金股利更偏好股票股利，导致"强制分红政策"无法迎合投资者的需要。建议在"半强制分红政策"的基础上，配套出台其他监管政策，从而有效引导投资者与上市公司行为。强国令（2014）认为，公司大比例现金分红的目的是满足控股股东资金套现和融资"圈钱"的需要，股利本质上是一种掏空行为。"半强制分红政策"导致大量虚假融资公司的进入，从而产生严重的逆向选择问题。因此，监管部门应完善将再融资与分红挂钩的"半强制分红政策"，严格审核和监控超额派现的再融资行为，消除逆向选择问题。张婷等（2013）、杨宝和袁天荣（2013）研究发现，没有"因地制宜"的单一股利监管政策，无法切合上市公司多样化的实际，无法有效提高市场投资的投资回报。

值得注意的是，上述结论还同时得出了上市公司存在"迎合性"股利分配的行为的结论。在再融资前提高现金股利发放率，再融资后，现金股利发放率则明显降低。吴世农和宋明珍（2016）发现，上市公司迎合定量的"半强制分红政策"要求，其分红意愿增强了，但股利支付率却下降了。从企业投资的角度来看，对于有再融资需求的公司，不仅迎合现金分红会提高公司的投资—现金流敏感性，而且过度现金分红会加大公司再融资需求与投资不足的敏感性；对于无再融资需求的公司，迎合现金分红不会增加公司的投资—现金流敏感性，但门槛现金分红也不能降低公司自由现金流与投资过度的敏感性（陈艳等，2015）。

我国证监会采取的"半强制分红政策"是否科学合理还有待进一步论证。陈晓和肖星（2002）认为，上市公司大股东主动进行现金股利发放的目的是获取更多的个人利益，这大大削弱了"半强制分红政策"对外部股东利益的保护。陈修谦（2016）利用现金股利溢价与上市公司分红意愿之间的预测模型进一步证明了强化分红政策重要时点对上市公司现金分红意愿的显著影响。同时发现，现金股利溢价和现金分红意愿呈同向变化，说明股利迎合理论对我国 A 股市场有一定的解释力。马鹏飞和董竹（2019）发现监管迎合动机下的现金股利反而对公司价值存在正向效应，表明投资者认同上市公司迎合监管行为。监管迎合不是股利折价的根源，大股东还可能将监管迎合作为掩饰其掏空的"面具"。以上这些有关我国证监会"半强制分红政策"的研究成果均侧重于对该政策的科学性与合理性展开深入探究，但很少有学者着手研究"监管效应"。

已有研究成果过于侧重"半强制分红政策"的合理与否，对于更为本质的"监管作用如何？监管效应如何？"等问题则未进行深入探究，未形成一致结论。李慧（2013）研究了"半强制分红政策"对上市公司现金股利政策的影响，得到的结论是，由于各上市公司所承担融资压力不同，而导致的其现金分红策略也不相同，这在很大程度上体现出上市公司的现金分红政策受证监会监管政策的重大影响。高文亮等（2018）以2001~2015年A股上市公司为样本，检验了"半强制分红政策"的总体效应，研究发现"半强制分红政策"对上市公司股利分配政策与现金分红意愿产生了一定影响，但具体影响是正面还是负面的，受到该上市公司的治理效率较大的影响。

王国俊等（2017）也指出差异化的现金分红监管政策至关重要，因为"半强制分红政策"的实施效果因公司的治理水平而异。因此，需要考虑公司之间的异质性，优化监管政策，提高政策的可操作性。伍晓龙（2016）分别以主板与中小板上市公司为样本进行了研究，发现对于主板上市公司而言，"半强制分红政策"导致其分红政策趋于稳定；而对于中小板上市公司而言，政府监管会显著提高其分红水平。魏志华等（2017）从股利代理理论与信号理论视角，以A股非金融上市公司为样本，对"半强制分红政策"效应进行了实证检验。研究发现，"半强制分红政策"提升了有再融资动机的上市公司的派现意愿与派现水平。

李敬（2017）考察了A股上市公司的分红数量与质量后发现，政府监管政策仅仅改善了企业分红意愿，而并未改善上市公司现金股利政策的质量；过度的政策监管，会伤害公司经营自主权，影响企业的财务决策。司晓红和金钰（2018）也认为，"半强制分红政策"所要求的分红比例较高，对上市公司的再融资造成了显著的负面影响。例如，上市公司的股利迎合行为，对其生产经营产生了不同程度的影响。余国杰和赵钰（2018）发现"半强制分红政策"的实施对上市公司盈余管理产生影响，结果表明"半强制分红政策"的实施导致了再融资上市公司为了达到相应分红比例的监管门槛而进行更多的盈余管理。周平（2015）认为现金股利迎合的行为，有效增加了资本市场股权资本的资金配置效率，但在一定程度上抑制了股权资金的交易行为；进一步地将样本中刻意迎合现金股利的公司进行研究后发现，这一类企业的资本配置效率与交易效率均不能提高。通过对与"半强制分红政策"监管效率有关的研究进行梳理，我们认为"半强制分红政策"的政策效果究竟如何，结论尚不明确。

纵观我国"半强制分红政策"的发展历程，大致上可以将其特征归纳如下：（1）和股权融资资格"挂钩"。自2004年以来，我国证监会出台的一系列监管政策无不将上市公司的融资资格和其股利分红行为挂钩，这也充分体现出国家希望能够通过这一系列政策来进一步提升上市公司的分红意识。（2）强制性逐步提升。就监管方式而言，我国"半强制分红政策"先后历经了原则性挂钩、实质性挂钩两个阶段，首次规定上市公司再融资资格和分红挂钩的是《规定》（2004）。不久之后，《办法》（2006）指明要量化分红比例，现金分红的形式最终也在2008年得以确定；就分红比例的具体要求而言，我国"半强制分红政策"对于上市公司股利政策的要求也逐渐从无要求到具体的现金分红比例量化要求。（3）仍有"盲区"存在。若上市公司短期内没有股权融资的计划，那么"半强制分红政策"就失去了存在价值，这些上市公司仍然可以拒绝分红。

综上所述，我们认为就监管覆盖面的角度而言，"半强制分红政策"的主要对象是再融资企业，随着这一政策的变化，SEO上市公司的现金分红制度也会做出必要调整。但是针对非SEO企业而言，政策对这些公司的股利分配行为的影响并不显著。周冬华和赵玉洁（2014）发现，半强制性分红政策实施后，再融资上市公司的经营活动现金流操控程度显著高于非融资上市公司，这表明半强制性分红政策的实施导致了再融资上市公司为了达到相应分红比例的监管门槛而操控经营活动现金流。就监管规则的演进过程来看，"半强制分红"逐渐从萌芽阶段进入实质阶段，它对于SEO上市公司的分红行为有更高的约束力度，可以预想，未来SEO上市公司的分红行为会更加规范。据此我们提出了以下假设：

假设4-1："半强制分红政策"的主要作用对象是SEO上市公司，它能够显著影响SEO上市公司的现金分红行为，同时随着该政策"实质监管"的推进，SEO上市公司的现金分红水平会得到显著提升。

二、研究设计

(一)研究方法与模型

采取经验研究方法很难准确计量政策动态的实时效果,阿申菲尔特等(Ashenfelter et al,1985)首次提出了"双重差分估计法"(Difference - in - Differences,DID);伊本斯和伍德里奇(Imbens and Wooldridge,2007)研究认为 DID 模型可以准确评估处理组与控制组之间的系统性差异,它能够有效反映外生变量如监管政策等引起变化的"净影响"。DID 模型的基本思想是,可以将政策视为自然科学实验,监管政策的正式实施会导致经济体内的一部分对象受到影响,而另一部分没有受到影响或者影响不大或者不受影响,把经济体内的对象分为受政策影响的对象、不受政策影响的对象两种,实施监管政策对这两种群体影响的差异即可视为"政策净效应"。

前面分析中我们已经将《办法》(2006)及以后的各项监管政策视为"实质监管",我国"半强制分红政策"的"实质监管"为本书研究营造了一个良好的实验场景,有助于减轻甚至消除其他因素对上市公司股利分配政策行为的影响。由于"半强制分红政策"的主要对象是 SEO 上市公司,并未对非 SEO 上市公司提出明确监管要求,所以其"实质监管"对上市公司的影响存在实施前后以及不同上市公司间的双重差异。

为此,我们拟定将检验样本划分为"处理组"和"控制组",其中前者是"实质监管"政策实施后股权再融资活动受到其直接影响的 SEO 上市公司样本组,后者则是该政策实施后未开展股权再融资活动的非 SEO 上市公司样本组。为了进一步分析两组之间的双重差异,我们特对各变量定义如下:时间变量 time,2001 ~ 2005 年("实质监管"政策发布前)取 0,2006 ~ 2010 年("实质监管"政策发布后)取 1;虚拟变量 SEO,处理组取 1,控制组取 0。

建立 DID 模型:

$$Dps = \alpha_0 + \alpha_1 SEO + \alpha_2 time + \gamma SEO \times time + \sum \alpha_i Controlvariables + \varepsilon$$

$$(4.1)$$

根据该模型可以得出处理组在 time = 1 时的期望分红为：

$$E(Dps) = \alpha_0 + \alpha_1 + \alpha_2 + \gamma \qquad (4.2)$$

处理组在 time = 0 时的期望分红为：

$$E(Dps) = \alpha_0 + \alpha_1 \qquad (4.3)$$

不难看出，处理组在"实质监管"前（time = 0）和"实质监管"后（time = 1）的分红差异期望为：

$$Difference_1 = \alpha_2 + \gamma \qquad (4.4)$$

控制组在 time = 1 时的期望分红为：

$$E(Dps) = \alpha_0 + \alpha_2 \qquad (4.5)$$

控制组在 time = 0 时的期望分红为：

$$E(Dps) = \alpha_0 \qquad (4.6)$$

不难看出，控制组在"实质监管"前（time = 0）和"实质监管"后（time = 1）的分红差异期望为：

$$Difference_2 = \alpha_2 \qquad (4.7)$$

综上所述，SEO 上市公司股利分配政策行为受"半强制实质监管"的净影响为：

$$Difference = Difference_1 - Difference_2 = \gamma \qquad (4.8)$$

据上可知，γ（DID 模型交乘项 SEO × time 系数）即处理组（SEO）上市公司股利分配政策行为受"半强制实质监管政策"的净影响。

除此之外，本章还拟定以下可能对 SEO 上市公司股利分配政策行为有影响的因素进行控制：一是以公司年末净资产自然对数作为企业规模（size）；二是财务杠杆（Lev），取公司年末资产负债率；三是盈利能力（Roe），取公司年度净资产收益率；四是成长性（Grow），取公司本年度主营业务收入增长率；五是现金流水平（NCPS），取公司年度每股自由现金流量；六是金融危机影响（Crisis），取 2008 年和 2009 年作为受金融危机影响年，Crisis 值取 1，其余年度则取 0；七是产权性质（SOE），民营企业取 0，国有企业取 1。

（二）研究样本与数据来源

"上市公司在最近三年内以股票或现金方式累计分红不得低于期间可分配利润的 20%"，这是在 2006 年《上市公司证券发行管理办法》中明确规定的。由此反映出我国的半强制分红监管正式进入"实质监管"阶段。为此，主要以 2001～2010 年我国证券市场 A 股上市公司为研究样本，确保"实质监管"前后的样本年限均为 5，从而有助于后续样本的对比分析。不仅如此，本章所得样本不包含如下样本：一是金融类、保险类上市公司等这类特殊行业的上市公司；二是带有 PT、ST 和 *ST 的上市公司[①]；三是数据不完整的上市公司。进行处理之后得到 11 361 个样本数量，其中"处理组"（2006 年后增发配股的 SEO 上市公司）有 4 234 个；"控制组"（非 SEO 上市公司）有 9 293 个，表 4 – 1 即为各年度中样本的观测值。本次研究中数据来自国泰安的"中国股票市场股利政策研究数据库"、CSMAR 中国上市公司财务报表数据库等。

表 4 – 1　　　　　　　　各年度样本观测值分布情况

年度	SEO	非 SEO	合计
2001	303	714	1 017
2002	341	743	1 084
2003	373	777	1 150
2004	415	827	1 242
2005	421	829	1 250
2006	452	876	1 328
2007	476	960	1 436
2008	485	1 004	1 489
2009	484	1 152	1 636
2010	484	1 502	1 986

---

① 依据《公司法》和《证券法》规定，上市公司出现连续三年亏损等情况，其股票将暂停上市。沪深交易所从 1999 年 7 月 9 日起，对这类暂停上市的股票实施特别转让服务，并在其简称前冠以 PT；上市公司若连续 2 年亏损、亏损 1 年且净资产跌破面值、公司经营过程中出现重大违法行为等情况之一，交易所对公司股票进行特别处理，并在其简称前冠以 ST；若上市公司经营连续三年亏损，交易所做出退市预警，在其简称前加 *ST。

三、实证分析

（一）描述统计分析

"实质监管"前后以及全样本的描述性统计结果如表 4 - 2 所示。据表 4 - 2 可知，2001～2010 年 A 股样本公司现金分红均值为每股 0.0776 元，比中值（0.0167 元）大。这些数据说明，我国上市公司现金分红较少，现金分红多少与上市公司类型息息相关，现金分红较多的上市公司提高了我国上市公司的平均现金分红水平。另外，通过对比"实质监管"前后我国上市公司年度分红均值可知，"实质监管前"分红均值明显小于"实质监管后"，即"实质监管"有助于提升我国的上市公司现金股利水平。

表 4 - 2 描述性统计结果

	stats	Dps	Size	Roe	Lev	Grow	NCPS
全样本	N	13 617	13 614	13 331	13 614	11 898	13 436
	均值	0.0776	21.35	0.025	0.639	2.998	0.322
	中值	0.0167	21.23	0.0678	0.489	0.111	0.0465
	最大值	3	28.14	135.3	877.3	5291	26.75
	最小值	0	10.84	- 134.8	0.00173	- 2 266	- 5.945
	标准差	0.1306593	1.188606	2.071263	7.921824	1.070693	1.361664
实质监管前	N	5 742	5 742	5 652	5 742	4 630	5 729
	均值	0.0748	21.15	- 0.0524	0.509	4.386	0.0963
	中值	0.025	21.07	0.0601	0.479	0.124	0.0136
	最大值	1.333	26.98	6.212	43.08	5291	8.153
	最小值	0	17.12	- 134.8	0.00814	- 7.075	- 5.945

续表

	stats	Dps	Size	Roe	Lev	Grow	NCPS
实质监管后	N	7 875	7 872	7 679	7 872	7 268	7 707
	均值	0.0796	21.5	0.0821	0.733	2.114	0.49
	中值	0	21.38	0.0784	0.497	0.104	0.0765
	最大值	3	28.14	135.3	877.3	4 883	26.75
	最小值	0	10.84	−57.64	0.00173	−2 266	−5.547

（二）单变量分析

"实质监管"前后各个样本的分红均值差异如表 4 - 3 所示，不难看出和"实质监管"前相比，"实质监管"后我国上市公司平均分红水平略有提升，经深入分析后得出以下结论："处理组"上市公司在"实质监管"后的现金分红水平并未得到显著提升，"控制组"现金分红水平提升显著。因此，SEO 上市公司并未对"实质监管"做出积极响应，这些公司似乎并不在意分红和再融资资格挂钩，这一结果值得深思。不过需要指出的是，根据数据显示，"实质监管"后非 SEO 公司的现金分红水平有所提高，对于这一结果我们不能单纯地认为是因非 SEO 公司十分"迎合""实质监管政策"。

表 4 - 3 单变量分析结果

项目	全样本		处理组（SEO 组）		控制组（非 SEO 组）	
	样本数（个）	DPS	样本数（个）	DPS	样本数（个）	DPS
实质监管前	5 743	0.0747856	1 853	0.0858518	3 890	0.0695141
实质监管后	7 875	0.0795973	2 381	0.0854549	5 494	0.0770587
均值差异	0.0048117		−0.0003969		0.0075446	
T 统计量	2.1225**		−0.0978		2.7632***	

注：均值差异的检验方法为 T 检验，**、*** 分别表示在5%、1%的水平上显著。

（三）回归分析

DID 模型在引入控制变量后的估计结果如表 4 - 4 所示，其中全样本为第

（1）列，民营企业组为第（2）列，国有企业组为第（3）列。结合表内数据不难发现，SEO × time 的系数各自为 - 0.0387、- 0.0703、- 0.0282，同时均在1% 水平上显著，这说明"实质监管"促进 SEO 上市公司股利政策行为的作用并不显著，和我们之前的预期相违背。经深入研究后发现，"实质监管"后的虚拟变量 time 回归系数都不显著，这意味着"实质监管"后样本上市公司的分红水平并未受到显著影响，相较而言，SEO 上市公司的现金分红水平高于非 SEO 上市公司，SEO 回归系数非负。分析控制变量，上市公司现金股利政策水平由公司规模、现金流能力、盈利能力决定，且呈正相关关系，此外上市公司的现金分红水平会受金融危机出现、财务杠杆以及成长机会等因素的负面影响。

表 4 - 4　　　　　　　　双重差分模型（DID）估计结果

变量	（1） Dps 全样本	（2） Dps 民营企业	（3） Dps 国有企业
SEO	0.0534 *** （7.78）	0.0823 *** （6.72）	0.0414 *** （5.01）
time	- 0.0125 （- 1.33）	- 0.0157 （- 0.98）	- 0.0112 （- 0.98）
SEO × time	- 0.0387 *** （- 4.40）	- 0.0703 *** （- 4.64）	- 0.0282 *** （- 2.61）
Size	0.0736 *** （34.63）	0.0883 *** （19.61）	0.0702 *** （28.80）
Roe	0.00680 *** （4.90）	0.0156 *** （4.12）	0.00582 *** （3.90）
Lev	- 0.397 *** （- 31.70）	- 0.466 *** （- 21.43）	- 0.368 *** （- 23.56）
Soe	- 0.0178 *** （- 3.91）		

续表

变量	(1) Dps 全样本	(2) Dps 民营企业	(3) Dps 国有企业
NCPS	0.0120 *** (5.69)	-0.00271 (-0.90)	0.0224 *** (7.61)
Grow	-0.0000683 * (-2.14)	-0.0000499 (-1.55)	-0.000213 * (-2.01)
Crisis	-0.0203 * (-2.50)	-0.00112 (-0.09)	-0.0349 *** (-3.34)
Year	控制	控制	控制
Indy	控制	控制	控制
_cons	-1.340 *** (-30.56)	-1.618 *** (-17.48)	-1.297 *** (-25.11)
LR chi2	2 146.59	834.48	1 386.93
Pseudo R^2	0.3608	0.3869	0.3680
N	11 361	4 015	7 346

注：*、*** 分别表示在 10%、1% 水平上显著。

本次构建的 DID 模型交乘项系数为负数，说明 "实质监管" 对 SEO 上市公司现金分红的促进作用并未奏效。究其原因，我们认为：（1）《决定》（2008）等政策自身存在 "监管悖论"[①] 的问题。SEO 上市公司均为投资机会多、成长性好但现金流量少的公司，所以一味要求本来就十分缺少现金流量的 SEO 公司来进行现金分红会让这些公司更加 "捉襟见肘"，这也充分体现出监管规则的不合理性；（2）因为融资约束的客观存在，SEO 上市公司做出选择时必须足够理性。根据 "优序筹资" 理论不难发现，外部筹资（如增发、配股所得）高于内源性资金成本，所以虽然随着 "实质监管" 的不断推进，SEO 上市公司仍会倾向于选择最低分红股利率来进行分红，这也是基于企业自身价值最大化的理性选择，

---

① 李常青、魏志华、吴世农：《半强制分红政策的市场反应研究》，载于《经济研究》2010 年第 3 期。

而且《办法》（2006）当中已经说明，上市公司只能发放其可分配利润 20% 的股利，为了达到这项要求，SEO 上市公司会走"股票股利"的道路；（3）资本在"一圈、一分"背景下无法得到充分运用。仔细研读现有税法可得知，缴纳股息所得税是上市公司发放股利的必由之路，对于上市公司而言无论是增发还是配股均需支付大额融资成本，而继续强制性要求这些公司发放红利势必有违资金管理原则。

（四）结果讨论

我们将 2006 年及以后证监会下发的"半强制分红政策"归为实质监管政策，同时将"实质监管"看作是外生自然实验，以此来对上市公司现金分红受其的整体影响进行深入研究。通过分析单变量结果不难发现，上市公司股利政策水平自从实施了"实质监管"后有所改善，但是具体到分组数据方面，"实质监管"后 SEO 组的上市公司现金分红提高不明显，而非 SEO 组上市公司的现金分红提高显著。进一步分析 DID 回归数据不难发现，SEO 上市公司现金分红热情虽然会随"实质监管"的实施而有所提升，但是幅度并不大。

需要指出的是，"实质监管"后 SEO 组上市公司现金分红未能得到显著提高，我们不能简单归结于是因 SEO 上市公司未能重视"半强制分红政策"，不过这也确实充分反映出我国"半强制分红政策"［如《办法》（2006）等］存在不合理之处，如违背增加股东财富的初衷、不能满足不同客户的偏好、"一刀切"的政策不利于企业发展、不符合优序融资理论、增强企业恶性行为动机等。[1] 为此，我们将在本章第二节中就 SEO 上市公司所选择的迎合制度行为展开深入剖析。

非 SEO 上市公司并不会受到"半强制分红政策"的影响，反而在"实质监管"后其现金分红水平大大提高，这是否可以理解为我国的"半强制分红政策"有一定的"分红倡导"效应？非 SEO 上市公司的分红提高是否和"实质监管"有直接联系？对于这些问题，后续章节将展开深入探究。

---

[1] 韩永瑞：《对我国上市公司半强制分红制度局限性的思考》，载于《经济研究导刊》2015 年第 7 期。

第二节 "半强制分红政策" 对 SEO 上市公司股利分配行为的影响——基于再融资视角

一、制度背景与研究假设

对于企业而言，股利分配政策属于微观财务行为，这一行为受宏观因素的影响比较明显，如法律、政策等，对于这一命题学术界也早已达成共识。和大陆法系国家相比，英美法系国家的上市公司现金股利水平普遍较高，如美国作为世界上最早建立资本市场的国家之一，其现行相关法律体系已经十分完备，对投资者利益的保护也非常完善，其中分红权便是投资者的一项基本权利。

就我国而言，因我国是典型的新兴资本市场，学术界有关股利政策的研究还并不深入，若对于相关问题的研究仍不上升到宏观层面，则始终难以解决我国存在的"股利之谜"。拉波特等（La Porta et al.，2000）系统地分析了多个国家上市公司股利分配行为之后指出，由政府制定的投资者保护法规会深远地影响微观层面的企业利润分配行为。我国大部分企业公司治理效率不高，很难有效制约上市公司的现金分红行为（吴世农等，2010）。在这种情况下，就需要证券监管部门对公司分红行为进行监管，政府监管就充当着"替代机制"的作用，同样可以实现对投资者利益的保护。基于这样的考虑，我国实施了"半强制分红政策"和"强制分红政策"，其目的就是从外部监管的角度来充分保证投资者的分红权，提高投资者的投资回报。芬兰、韩国等国家实施的就是政府监管上市公司现金股利分配的政策。

我国上市公司股利分配政策素有"股利之谜"的说法，很多上市公司现金分红意愿不高，热衷于通过股权融资进行"圈钱"，资本市场变成了"圈钱"工具。为了治理这种顽疾，证监会相继出台了一系列监管现金分红的法规。《办法》（2001）和《规定》（2004）首次将上市公司再融资资格和现金分红"挂钩"，《办法》（2006）进一步具体量化了上市公司现金分红的数量要求，即"不得低于可分配利润的20%"，可见强制性逐渐凸显。与其他国家相比，我国资本市场是典型的政府主导型市场，我国采取的"半强制分红政策"具有以下特征：一是缺乏明显的法律强制性；二是"瞻前不顾后"，仅仅只是要求上市公司对再融资前三年利润进行分配；三是直接和再融资资格"挂钩"。

目前学术界关于"半强制分红政策"的研究，有各种不同的观点，提出了不同看法，但还没有得出一致的结论。杨熠和沈艺峰（2004）研究认为，现金股利的"信号理论"和"自由现金流量假说"都有实践基础和支撑，现金股利的治理功能也就是高管自由操控现金流的约束功能是投资者所看重的。这种观点认为"半强制分红政策"具有其合理性。但是，李长青等（2010）的研究却认为，投资者对"半强制分红政策"的反应过程大致上是"从预期到失望"的过程，这些政策存在"监管悖论"，不仅未能提高上市公司的分红水平，还制约了很多上市公司的发展。刘星等（2016）发现，"半强制分红政策"的实施提升了公司现金股利的支付意愿，但未能实现上市公司股利支付水平（股利支付率）的整体提升，甚至在一定程度上降低了整体股利支付水平。陈华等（2012）认为"半强制分红政策"中"一刀切"的做法存在明显的"监管悖论"，其本身的科学性有待商榷。吴世农和宋明珍（2016）认为，定量"半强制分红政策"弱化和扭曲了产品市场竞争与现金股利之间应有的相关关系。不难看出，我国学术界十分关注证监会"半强制分红政策"的合理性与否，但至今仍未达成一致共识。

随着《办法》（2006）的实施，SEO上市公司股利政策受其影响为何？这类公司是否会迎合证监会的相关规定？对于这两个问题，我们认为答案是显而易见的。首先，证监会下发的《办法》（2006）是典型的硬约束，尤其是其设置的"明线监管"制度，若SEO上市公司的水平在"明线"之下，其会丧失再融资的机会，因此，SEO上市公司会尽可能地达到《办法》（2006）的"明线"要求；其次，《办法》（2006）的考核时期为SEO公司再融资的最近三年，这也在很大程度让SEO公司"钓鱼式分红"成为可能，大可先在完成再融资后的三年内大肆分红，当超过这一时间期限便大大减少分红数量，甚至可以不分红，这也是导致 SEO 公司在再融资前股利政策水平要高于再融资后的核心原因；最后，《办法》（2006）明确要求 SEO 上市公司应以"股票或现金方式"分红，这让这些公司的分红具有更广的操作空间，我们甚至可以预测这些公司因缺乏现金流会有开展再融资活动的意向，所以大多为采取股票股利方式提升其分红水平，以此来达到证监会的相关监管要求。

另外，控股股东投资的主要目的是实现个人利益最大化。约翰逊等（Johnson et al.，2000）认为上市公司大股东会凭借自身优势，依托"隧道行为"来谋取个人利益。大量研究成果显示，很多上市公司大股东会通过现金股利的方式来侵占小股东利益，而且这种方式往往不容易被发现（唐清泉和罗党论，2006；王化成和卢闯，2007；马鹏飞和董竹，2019）。赵玉芳等（2011）认为，允许大股东参与定向增发的 SEO 公司要比定向增发不受大股东影响的上市公司在进行增发后所发放的现金股利更少。SEO 上市公司尚未开展再融资活动时，其内部极度匮乏现金流，此时公司的大股东并不太可能以发放现金股利的方式来侵吞小股东利益；但是随着再融资活动的进行，公司现金流逐渐增加，此时大股东便有很大可能会通过发放现金股利来为个人牟取暴利。所以我们可以假设 SEO 上市公司在开展再融资后发放的现金股利水平会显著提高。

综上所述，我们提出以下 3 个假设：

假设 4 - 2：政府对 SEO 上市公司现金分红比例提出强制性量化要求后，SEO 公司会迎合相关监管要求，但其发放的股息水平在再融资后会逐渐降低。

假设 4 - 3：SEO 上市公司再融资后因大股东"利益侵占"动机凸显，所以其现金股利会比再融资前明显提高。

假设 4 - 4：作为 SEO 公司迎合证监会监管的重要途径，股票股利在公司完成再融资后会明显降低。

再者，企业自身需求是宏观监管影响企业微观财务行为的中介因素。郭牧炫和魏诗博（2011）的研究结果显示，有融资约束的上市公司在政府出台了监管新规之后会增加现金分红，且这类上市公司在新规出台之前的现金分红比例明显比普通且无融资约束的公司要小。上市公司再融资的"门槛"因《办法》（2006）的出台而提升了许多，该办法比 2001 年及 2004 年对于 SEO 现金股利政策的原则性规定严格了许多。

然而需要指出的是，《办法》（2006）虽然未对之前"现金分红监管与再融资资格结合"的做法做出改变，但是此举可能会带来监管盲区，也就是说，如果上市公司没有任何再融资需求，那么其就不会受到监管。可以预见，上市公司 SEO 动机的确会对《办法》（2006）的监管效应造成深远的影响，企业是否会迎合证监会的"监管明线"是企业产生再融资需求的直接表现，为迎合《办法》（2006）对上市公司 SEO 前三年利润分配水平的要求，上市公司会在 2006 ~ 2008 年进行"钓鱼式分红"①，这样才能在 2009 年达到配股和增发目的，但是无再融资需求的上市公司则没有这种动机。通过分析不难发现，非 SEO 上市公司与 SEO 上市公司再融资前三年的利润分配水平存在明显的差距，SEO 上市公司会因为现金不足的问题而通过股票股利的方式完成再融资。

所以，我们对政府监管背景下 SEO 上市公司与非 SEO 上市公司行为动机的差异进行了分析，对其现金股利分配行为与再融资动机之间的相关性进行检验，以证明 SEO 上市公司分配股利是为了迎合政府监管，基于此，我们提出假设 4 - 5：

假设 4 - 5：SEO 公司再融资前现金分红比例高于非 SEO 公司，特别体现在股票股利的差异上。

二、数据、样本与研究设计

（一）样本来源

在本节中，我们以 2009 年我国 A 股 131 家再融资上市公司作为研究样本，样本区间选择为样本公司在 2006 ~ 2011 年的观测值，同时将以下样本剔除：一是所有 ST、*ST 公司；二是缺乏指标值的公司。最终本次研究得到 726 个样本观测值，表 4 - 5 所示即样本选择和分布情况。由于我国《上市公司证券发行管理办法》的出台时间为 2006 年，且其第一次对有关公司股利分配政策的监管进行了量化，并实现了公司再融资活动与分配的结合，因此以 2006 年作为研究样本的起点；以 2009 年为分水岭，保证再融资前后各有三个年度的观测值。我们主

① 即上市公司实施象征性分红，以达到再融资对于分红的要求。

要从 CSMAR 数据库内获得研究所需财务数据,并采用缩尾(winsorize)法对主要变量1%水平极值进行处理,确保本次结论不受极端值影响。

表 4 – 5　　　　　　　　　　各年度样本观测值分布情况

年度	观测样本数(个)
2006	109
2007	122
2008	125
2009	124
2010	123
2011	123
合计	726

(二)研究设计

我们构建了以下 TOBIT 回归模型,以检验上市公司股利分配行为会受到政府监管的何种影响,并明确政府监管的有效性。

$$TOBIT(Dividend) = \beta_0 + \beta_1 Post + \beta_2 SEO + \beta_3 SH1 + \beta_4 Grow + \beta_5 Lev$$
$$+ \beta_6 Eps + \beta_8 Cash + \sum \lambda_i Indy_i + \sum \lambda_j Year_j \quad (4.9)$$

在模型(4.9)中,公司现金股利政策变量为被解释变量 Dividend,具体为:(1)TDP——总分配比率,即可供分配利润中现金股利与股票股利之和的占比;(2)Payout——现金股利支付率,即每股现金股息与每股利润之比;(3)SPSValue——每股股票股利金额,即每股股票股利与每股账面价值的乘积;(4)SPS——每股股票股利比,即每股转增、送股比;(5)DPS——每股现金股利。

解释变量 Post 为哑变量,若以 2006～2008 年作为样本期间,那么取值为 0,在该期间之外的取值为 0;哑变量 SEO 作为解释变量,增发公司或配股公司均取 1,其他公司取 0;SH1 是本次模型的解释变量,即公司最大股东持股比例。

此外,为了控制可能对公司利润分配带来影响的其他因素,在归纳总结了已有相关研究成果的基础上,选取下列 6 个控制变量:(1)Lev——财务杠杆;(2)Lnasset——公司规模;(3)Cash——现金流能力,即经总资产标准化的公司经营活动现金流；（4）Eps——盈利能力，即公司年度每股收益；（5）In-dy$_i$——行业虚拟变量；（6）Year$_j$——年度虚拟变量。表 4 - 6 所示为各个变量的定义。

表 4 - 6 变量定义

变量名称	变量符号	变量定义
总现金和比例	TDP	（每股现金股利 + 每股股票股利×每股账面价值）÷每股可供分配利润
现金股利支付率	Payout	每股股利÷每股收益
每股股利	DPS	现金股利总额÷总股数
股票股利支付比	SPS	转增比 + 送股比
每股股票股利金额	SPSValue	（转增比 + 送股比）×每股账面价值
再融资前后虚拟变量	Post	再融资前的年份取 0；再融资后年份取 1
是否再融资虚拟变量	SEO	配股、增发公司取 1；其他取 0
第一大股东持股比例	SH1	第一大股东持股总额÷公司总股本
公司成长性	Grow	本年营业收入增长额÷上年营业收入
公司规模	Lnasset	公司总资产的自然对数
财务杠杆	Lev	年末负债总额÷总资产
盈利能力	Eps	公司年度净利润÷总股数
现金流能力	Cash	公司经营活动净现金流量÷总资产

三、实证分析

（一）描述统计分析

全样本描述统计结果如表 4 - 7 所示，从表中不难看出，2006～2011 年，样本公司 TDP 均值比中值高（0.693 > 0.0766），这充分反映了样本公司的整体利润分布不均。变量 Payout 均值比中位数高（0.216 > 0.127），这反映了样本公司的现金分红水平较低。另外，每股现金的股利均值与中位数分布特征也反映了样本公司现金分红水平不高。就股利发放情况而言，样本公司每股股票股利的均值大于均值0，为0.153，最大值和最小值分别是1与0，说明样本均值是被少量股票股利较高的样本观测值拉高的，这意味着，在现金股利和股票股利政策方面，样本公司并不具备稳定性和连续性。

表4-7 全样本描述统计

变量	均值	中值	最小值	最大值	标准差	N
TDP	0.693	0.0766	0	5.601	1.336	726
Payout	0.216	0.127	0	2.232	0.307	726
DPS	0.0807	0.05	0	0.5	0.107	726
SPS	0.153	0	0	1	0.302	726
SH1	0.382	0.374	0.0957	0.837	0.157	726
Post	0.511	1	0	1	0.5	726
Grow	0.373	0.201	-0.3	2.78	0.637	726
Lnasset	22.07	21.89	18.49	28.52	1.46	726
Lev	0.565	0.548	0.0686	5.494	0.283	726
Eps	0.392	0.3	-2.86	5.893	0.584	726
Cash	0.0367	0.0333	-0.542	1.287	0.125	726

表4-8报告了样本公司再融资前后相关指标的单变量分析结果。可以发现，2009~2011年，即样本公司再融资之后，其总体现金分红比例均值达到了0.804，这比2006~2008年样本公司均值要高；再融资后样本公司的现金股利支付率要明显大于再融资前（0.193>0.148），在1%的水平上显著；再融资后每股股票股利金额均值比再融资前均值大，即0.831>0.619，不仅如此，再融资后的股票股利支付比、每股股票股利金额中位数要比再融资前高。但对于现金股利政策而言，样本公司的每股现金股利及现金股利支付率在再融资前后差异不大。据此可得，样本公司转增与送股的数量在再融资之后显著增加，但现金

分红水平与再融资前无差异。

表4-8 　　　　　　　　再融资前后现金股利政策的单变量分析结果

变量	TDP		Payout		Spsvalue		DPS		SPS	
样本组	再融资前	再融资后	再融资前	再融资后	再融资前	再融资后	再融资前	再融资后	再融资前	再融资后
均值	0.5765892	0.8040523	0.2312545	0.2390348	0.6189837	0.831227	0.0780216	0.08332	0.1483174	0.1931727
均值差异	-0.2274631		-0.0077803		-0.2122433		-0.0052983		-0.0448553	
T值	-2.3018 **		-0.2117		-1.8718 **		-0.6717		-1.6863 *	
中值	0.0669003	0.0838674	0.0909091	0.1533742	0	0	0.0345	0.05	0	0
中值差异	-0.017		-0.062		0		-0.0155		0	
Z值	-2.514 ***		-2.352 **		-1.911 *		-1.908 *		-2.613 ***	

注：均值差异的检验方法为 T 检验，中位数差异的检验方法为非配对样本 Wilcoxon 秩和检验；＊、＊＊、＊＊＊分别表示在 10%、5%、1% 的水平上显著。

（二）相关性分析

表4-9 所示即为本模型内的主要变量相关关系，不难看出，再融资虚拟变量 Post 值越大，则在 5% 显著水平上总体现金股利比例会越高，这充分反映了样本公司在再融资后的总体现金股利比例有显著提升；Post 值越大，在 10% 显著水平上每股股票股利额越大，这反映了样本公司在再融资后的股票股利略有提高。公司第一大股东持股比例 SH1 越高，则总体现金股利比例、每股现金股利、现金股利支付率越高。公司成长性与现金股利支付率在 5% 的水平上显著，两者相关系数为 -0.083，说明不热衷于发放现金股利的公司往往都拥有理想的成长性；财务杠杆与现金股利政策相关指标呈负相关关系，说明公司的利润分配政策受债务融资的影响。不仅如此，主要被解释变量也受其他控制变量的影响，各解释变量间的相关系数值都大于 0.5，这说明本次相关性分析中没有多重共线性出现。

表 4-9

变量相关系数

variables	TDP	Payout	DPS	SPS	Spsvalue	SH1	Post	Grow	Lnasset	Lev	Eps	Cash
TDP	1											
Payout	0.043	1										
DPS	0.101***	0.509***	1									
SPS	0.846***	-0.044	0.111***	1								
Spsvalue	0.808***	-0.042	0.142***	0.944***	1							
SH1	0.069*	0.062*	0.125***	0.04	0.042	1						
Post	0.085**	0.070*	0.025	0.038	0.067*	0.031	1					
Grow	0.036	-0.083**	0.058	0.05	0.052	0.194***	-0.015	1				
Lnasset	0	0.086**	0.197***	-0.045	0.014	0.098***	0.283***	0.041	1			
Lev	-0.097***	-0.090**	-0.069*	-0.103***	-0.095**	0.041	-0.092**	-0.005	0.220***	1		
Eps	0.226***	0.01	0.481***	0.289***	0.344***	0.071*	-0.016	0.257***	0.066*	-0.063*	1	
Cash	-0.023	0.018	0.274***	-0.03	-0.052	0.079**	-0.152***	0.033	-0.075**	-0.082**	0.224***	1

注: *、**、***分别表示在10%、5%、1%的水平上显著。

（三）假设 4 – 2、假设 4 – 3、假设 4 – 4 的检验结果

对假设 4 – 2、假设 4 – 3、假设 4 – 4 进行 TOBIT 回归分析，得到如表 4 – 10 所示的结果报告，以全面了解 SEO 公司在政府监管背景下存在怎样的现金股利分配行为。

表 4 – 10　　　　　　　　　　　TOBIT 回归结果

variables	（1）	（2）	（3）	（4）	（5）
	TDP	Payout	DPS	Spsvalue	SPS
_cons	-2.975^{**} (-2.42)	-1.220^{***} (-3.96)	-0.603^{***} (-6.77)	-4.528 (-1.38)	-0.459 (-0.69)
Post	0.657^{***} (2.79)	-0.0190 (-0.32)	-0.00625 (-0.36)	2.251^{***} (3.44)	0.430^{**} (3.24)
SH1	0.937^{**} (2.09)	0.190^{*} (1.69)	0.0697^{**} (2.14)	1.145 (0.95)	0.230 (0.93)
Grow	-0.143 (-1.24)	-0.0652^{**} (-2.21)	-0.0198^{**} (-2.34)	-0.423 (-1.29)	-0.0783 (-1.17)
Lnasset	0.149^{**} (2.42)	0.0656^{***} (4.26)	0.0294^{***} (6.57)	0.105 (0.64)	-0.000540 (-0.02)
Lev	-1.947^{***} (-4.17)	-0.490^{***} (-4.26)	-0.155^{***} (-4.54)	-4.584^{***} (-3.46)	-0.798^{**} (-3.04)
Eps	1.062^{***} (8.08)	0.117^{***} (3.56)	0.125^{***} (13.08)	2.815^{***} (8.32)	0.505^{***} (7.33)
Cash	-1.724^{***} (-2.94)	0.0216 (0.15)	0.152^{***} (3.71)	-7.170^{***} (-4.01)	-1.244^{***} (-3.48)
$Year_i$	控制	控制	控制	控制	控制
$Indy_j$	控制	控制	控制	控制	控制

续表

variables	(1)	(2)	(3)	(4)	(5)
	TDP	Payout	DPS	Spsvalue	SPS
N	726	726	726	726	726
LR chi2	121.29	69.14	279.16	111.60	93.07
Pseudo R^2	0.0535	0.0698	4.6645	0.0704	0.0952

注：*、**、***分别表示在10%、5%、1%的水平上显著，括号内为t值。

（1）表4-10中第（1）列报告了以总体现金股利比例为被解释变量（TDP）的回归结果，结果显示，再融资虚拟变量Post回归系数在1%的水平上显著，其回归系数为0.657，这反映了SEO公司在再融资之前其总体现金股利比例要低于再融资后，即假设4-2未得到验证。值得一提的是，本次研究中的TDP即公司可供分配利润内的股利与股票股利总和占比。所以，需要继续研究证实究竟是现金股利支付还是股票股利支付的增加导致了总体现金股利比例的增加，如果是由现金股利支付的增加所导致的，那么SEO公司在再融资后存在大股东"隧道效应"的可能，如果随着公司支付的股票股利提高，就必须分析公司送转股票的根本动因。不仅如此，与总体现金股利比例（TDP）呈正相关关系的变量为盈利能力（Eps）、公司规模（Lnasset）、持股比例（SH1）；与总体现金股利比例（TDP）呈不显著负相关关系的变量有公司成长性（Grow）；与总体现金股利比例（TDP）呈显著负相关关系的变量有现金流能力（Cash）。

（2）表4-10中第（2）列、第（3）列分别报告了以现金股利支付率（Payout）和每股现金股利（DPS）作为被解释变量的回归结果。由结果可知，再融资虚拟变量Post对现金股利支付率（Payout）、每股现金股利（DPS）的回归系数均显著，即反映了SEO上市公司在再融资前后的现金股利差异不大，未验证假设4-3。因此，证监会正式开始对上市公司现金股利政策进行量化监管后，并不会显著影响公司现金分红行为。就SEO公司层面也很好理解，首先，根据《办法》（2006）可知，所有上市公司在再融资三年内必须以股票或现金方式累计分配的利润不得低于可分配利润的20%，所以，SEO公司会采用送转股的方式来满足利润分配的量化条件。其次，若SEO上市公司有融资需求，那么股票股利政策也是其做出的最理性的选择。研究可知，第一大股东持股比例正向影响公司现金股利政策；企业现金股利越多，其规模也越大；公司现金股利与其杠杆、成长性呈明显的负相关关系。

（3）表4-10中第（4）列、第（5）列分别列示了对每股股票股利金额（Spsvalue）、股票股利支付比（SPS）两个被解释变量的回归结果。结果显示，Post的回归系数分别在1%和5%的水平上显著，为2.251和0.430，说明SEO上市公司股票股利支付水平自其再融资后显著提升。该结果和表4-8的分析结果完全一致，即假设4-4被拒绝。此时我们需要考虑一个重要问题，即上市公司在完成了再融资后为了进一步提高股票股利支付率会开展哪些转送股行为？关于股票股利的行为，国内外研究均认为是如下动机导致的，即"流动性假设"①"信号传递假设"，国内学者陈小悦和何涛（2003）则提出了"价格幻觉假设"②。

针对SEO上市公司来看，随着配股增发行为的出现，公司股票的流动性必然有所提高，因此在解释SEO公司在融资之后做出的增加股票股利行为动机时，"流动性假说"显然是缺乏解释力的。张水泉（1997）、魏刚（1998）、陈浪南等（2000）通过分析发现，市场对股票股利（送股或转增）公告的表现是正向的，所以，在解释SEO公司再融资后股票股利行为方面，"信号传递假设"拥有很好的解释力，它传递出这样的信息：SEO公司市值于再融资之后会有所提升。再则，陈小悦和何涛（2003）的分析结果显示，我国的确存在"填权行情"的现象，股票价格在送转股公告前会不断上升，这种状态会持续到上市流通之后。就"价格幻觉假说"而言，投资者的这种"价格幻觉"会被SEO上市公司利用，即通过送转股的方式压低股价，促使那些不够敏锐的投资者购买股票，认为捡到了"便宜"，当股买数量达到一定程度后，股票自然会上涨，在股票填权的过程中，上市公司成功地实现了自身市值的增加。

（四）假设4-5的检验结果

我们以成长性、盈利能力、年度、规模这四个指标为标准，选取非SEO公

---

① "流动性假设"认为，如果股票价格太高，则会吓退资金量有限的小股东，影响流动性，股票股利的发放会在一定程度上降低公司股价，进而提高公司股票的流动性。"信号传递假设"则是基于信息经济学，认为股票股利向市场传递了公司盈余和现金股利的乐观信息。
② "价格幻觉假说"认为，上市公司送转股，其最终目的，是通过送转股这种几乎是没有成本的方式提升企业的市值；而上市公司实现这个目的的重要条件是，投资者对于上市公司的股票存在价格幻觉现象。

司样本,为全部再融资前(2006～2008 年)的 SEO 公司样本进行配对,结果有 353 家样本公司成功配对。[①] 下面将以成功配对的 706 家公司为样本来对 SEO 上市公司再融资前是否有"迎合"证监会监管的动机进行实证检验。

1. 配对组现金股利政策的均值差异检验

由表 4 – 11 的检验结果可知,SEO 公司的总体现金股利比例于融资前三年的水平明显比配对非 SEO 样本公司高(在 1% 的水平上差异显著);SEO 公司的现金股利水平、现金股利支付率没有配对非 SEO 样本公司高,但是不存在显著差异;SEO 公司每股股票股利金额、股票股利支付明显比非 SEO 样本公司高(显著性水平分别为 5% 和 1%),这意味着,SEO 公司在增发(配股)前三年就已经针对证监会要量化再融资公司现金股利政策的规定做足了准备。继续分析可以得知,为了满足监管要求,SEO 公司会选择股票股利,这很好理解,因为 SEO 公司往往现金不足,无法通过现金股利支付提高股利支付的比率。

表 4 – 11   再融资前配对组现金股利政策的均值差异检验结果

变量	TDP		Payout		Spsvalue		DPS		SPS	
样本组	Seo = 0	Seo = 1	Seo = 0	Seo = 1	Seo = 0	Seo = 1	Seo = 0	Seo = 1	Seo = 0	Seo = 1
观测值	353	353	353	353	353	353	353	353	353	353
均值	0.4217098	0.5860211	0.2774711	0.2312545	0.4412286	0.7222024	0.0981772	0.0911364	0.0957507	0.1507765
均值差异	− 0.1643113		0.0462167		− 0.2809738		0.0070408		− 0.0550257	
T 值	− 1.7895 *		1.0271		− 2.2315 **		0.4966		− 2.5316 ***	

注:均值差异的检验方法为 T 检验;＊、＊＊、＊＊＊分别表示在 10%、5%、1% 的水平上显著。

2. 再融资动机的配对回归分析

成功对其他影响因素进行控制之后,针对 SEO 与非 SEO 上市公司现金股利分配行为还有无不同之处这一问题,我们基于 TOBIT 回归分析处理了配对样本,表 4 – 12 所示即回归分析的结果。

由表 4 – 12 中第(5)列的检验结果可知,哑变量 SEO 的回归系数为 0.173,

---

① 采用 Stata 中配对命令 Psmatch2 进行配对。

且在10%的水平上显著，说明SEO上市公司在增发（配股）前三年的总体现金股利比例比配对非SEO公司高，股票股利支付比、每股股票股利金额为第（3）列、第（4）列的因变量，哑变量SEO的回归系数一个为0.153，在10%的水平上显著，另一个为0.734，在5%的水平上显著，说明SEO上市公司于再融资前派发的股票股利比配对非SEO公司高。另外，结合第（1）列、第（2）列的回归结果可得知，SEO的回归系数都不显著，分别是 −0.0119 和 −0.0198，说明与配对非SEO公司相比，SEO上市公司于再融资前三年的现金股利水平比较低，但是差距不明显。结合分析结果可得知，SEO公司主要采用股票股利方式，如转增、送股来改善其再融资之前的股利支付水平，其与配对非SEO公司的现金股利支付差异不明显，验证了假设4−5。

另外，就控制变量回归结果来看，上市公司第一大股东持股比例（SH1）会从正面影响现金股利支付，但会负向影响股票股利支付；上市公司成长性越强，那么其现金股利支付水平越低，但是基本不影响股票股利支付水平；财务杠杆负向影响公司的现金股利、股票股利，上市公司盈利能力正向影响公司现金股利、股票股利；现金流能力正向影响现金股利支付水平，负向影响股利支付水平。

表4−12   再融资动机与现金股利政策行为的配对样本回归结果

variables	(1)	(2)	(3)	(4)	(5)
	DPS	Payout	SPS	Spsvalue	TDP
SEO	−0.0119 (−0.98)	−0.0198 (−0.59)	0.153* (1.81)	0.734** (1.97)	0.173* (1.91)
SH1	0.160*** (3.77)	0.262** (2.25)	−0.497* (−1.68)	−2.210* (−1.69)	−0.0388 (−0.12)
Grow	−0.0241** (−2.09)	−0.0563* (−1.76)	−0.0140 (−0.17)	0.0278 (0.08)	0.0811 (0.96)

续表

variables	(1)	(2)	(3)	(4)	(5)
	DPS	Payout	SPS	Spsvalue	TDP
Lev	−0.201 *** (−5.76)	−0.603 *** (−6.30)	−0.509 ** (−2.39)	−2.437 ** (−2.53)	−0.388 ** (−2.12)
Eps	0.113 *** (12.20)	0.0662 ** (2.59)	0.396 *** (6.54)	1.944 *** (7.33)	0.332 *** (4.81)
Cash	0.156 ** (2.46)	0.0751 (0.43)	−0.736 * (−1.73)	−4.578 *** (−2.44)	−2.270 *** (−4.65)
Lnasset	0.0358 *** (7.16)	0.0831 *** (6.04)	−0.0169 (−0.51)	−0.0304 (−0.20)	0.0210 (0.62)
_cons	−0.731 *** (−7.23)	−1.494 *** (−5.37)	−0.0210 (−0.03)	−1.052 (−0.34)	0.159 (0.22)
Year$_i$	控制	控制	控制	控制	控制
Indy$_j$	控制	控制	控制	控制	控制
LR chi2	293.37	104.38	61.59	75.34	39.39
Pseudo R^2	1.2997	0.1119	0.0730	0.0578	0.0434
N	706	706	706	706	706

注：＊、＊＊、＊＊＊分别表示在 10%、5%、1% 的水平上显著，括号内为 t 值。

（五）稳健性检验

我们进行了相应的稳健性测试，以使研究稳健性得以保障：（1）重新配对，配对标准为经营现金、年度、规模，并基于 TOBIT 回归分析配对样本；（2）以公司净资产收益率（ROE）衡量盈利能力、以主营业务收入自然对数（Lnincome）衡量公司规模，重新做 TOBIT 回归。检验结果显示，上述结论未发生实质性变化（见表 4 − 13）。

表 4 - 13　　　　　　　　　　　　稳健性测试结果

变量	假设 3 - 2、假设 3 - 3、假设 3 - 4			假设 3 - 5
	TDP	DPS	SPS	TDP
_cons	- 3. 722 ** (- 2. 67)	- 1. 118 *** (- 6. 18)	- 0. 904 (- 1. 18)	- 3. 736 *** (- 4. 15)
Post	0. 352 ** (2. 04)	- 0. 0313 (- 1. 39)	0. 163 * (1. 67)	
SEO				0. 251 ** (2. 26)
SH1	0. 716 (1. 29)	0. 0800 (1. 11)	0. 0422 (0. 14)	0. 358 (0. 95)
Grow	0. 0206 (0. 16)	0. 0206 (1. 23)	0. 0264 (0. 36)	- 0. 0502 (- 1. 45)
Lnincome	0. 219 ** (2. 96)	0. 0589 *** (6. 15)	0. 0363 (0. 89)	
Roe	0. 784 * (2. 23)	0. 165 *** (3. 63)	0. 401 * (2. 16)	
Lev	- 2. 262 *** (- 3. 57)	- 0. 361 *** (- 4. 37)	- 0. 910 * (- 2. 53)	- 1. 571 *** (- 4. 93)
Eps				0. 864 *** (8. 98)
Lnasset				0. 191 *** (4. 28)
Cash	- 1. 612 * (- 2. 00)	0. 211 * (2. 04)	- 0. 923 * (- 2. 05)	- 2. 423 *** (- 4. 06)
Yeari	controled	controled	controled	controled
Indyj	controled	controled	controled	controled
LR chi2	17. 35	77. 05	18. 81	152. 72
Pseudo R^2	0. 0035	0. 2126	0. 0227	0. 0798
N	706	706	706	706

注：* 、** 、*** 分别表示在 10% 、5% 、1% 的水平上显著，括号内为 t 值。

（六）结果讨论

公司股利政策一直备受学术界高度关注，以往的研究注重从公司内部治理的角度来探究股利分配政策的本质，较少关注政府监管对上市公司现金股利分配行为的影响。自从证监会等政府监管部门将我国上市公司现金股利政策与再融资资格挂钩以后，上市公司利润分配政策的外部环境发生了重大变化，我们正是基于这种背景对宏观外部监管与微观企业股利政策的相关性进行了考察，以期为政府监管提供有益参考。

2006 年，证监会首次对监管进行了量化，基于此背景，我们以 SEO 上市公司 2009 年前后三年的数据为研究样本，对 SEO 上市公司在政府监管背景下的现金股利政策行为进行了考查。经验证据显示，SEO 上市公司的现金分红水平于其再融资前后无明显差异，说明投资者现金分红权并未因为政府监管而得到改善，但其股票股利行为（如转增、送股）却于再融资之后有所增多，这说明 SEO 上市公司通过转股后的"填权行情"提升自身市值的动机十分明显。

为了进一步明确 SEO 上市公司于再融资前有无专门迎合政府监管的行为，我们选取 2009 年 SEO 上市公司再融资前的配对样本进行了研究，结果发现，与非 SEO 上市公司相比，SEO 上市公司再融资前三年的平均利润分配水平高出很多，说明 SEO 上市公司的确有迎合政府"明线监管"的动机，然而，SEO 上市公司的现金分红水平与非 SEO 公司的差距不大，对于 SEO 公司而言，其依然在通过股票股利改善利润分配水平。

本节所得启示如下：第一，研究结果显示，政府监管显著影响公司股利政策，这种影响在经济转轨国家尤为明显；第二，SEO 在证监会量化监管、实现现金股利政策与再融资相结合的背景下很可能通过发放股利的方式来迎合政府监管，这种监管机制会催生一些短期行为，如"钓鱼式分红"；第三，投资者的现金分红权并未因为政府监管而有所改善，政府需要进一步细化对现金股利政策的监管。在监管过程中要对企业微观特征，如企业生命周期、现金流状况、行业状况予以考虑；应该重点监管分红信息披露、分红决策机制；不能仅以再融资企业为监管对象。

第三节 "半强制分红政策"对非 SEO 上市公司股利分配行为的影响——基于"分红文化"视角

一、理论分析与研究假设

从监管内容上看，我国的一系列"半强制分红政策"（2001 年、2004 年、2006 年、2008 年、2013 年）具有明显的持续性，与之对应的是越来越严厉的监管细则。《办法》（2001）、《规定》（2004）仅仅是从形式上要求根据分红情况确定再融资资格，并未给出具体的分红比例，这种监管具有明显的象征性特点，但是随后的《办法》（2006）却量化了分红比例，要求其为可供分配利润的20%，《决定》（2008）将此比例提至30%，这种硬性约束式的"明线要求"属于典型的"实质性监管"。若系列"半强制分红政策"可以孕育资本市场分红文化，那么合理预期为：一方面，会有更多的非 SEO 企业在"实质性监管"阶段提升现金分红水平；另一方面，监管政策的变化会正向影响现金股利政策的变化。据此可以提出以下假设：

假设 4-6：在半强制分红的"实质监管"阶段，增加现金分红的非 SEO 上市公司数量多于"监管萌芽"阶段。

假设 4-7：若半强制分红监管具有孕育分红文化的作用，那么上市公司现金分红水平会随着历次监管规则的变化而变化，且变化趋势一致。

二、研究设计

（一）模型设定与变量定义

本节建立了模型（4.10）和模型（4.11）两个模型，以验证系列"半强制分红政策"究竟会如何影响非 SEO 上市公司现金分红行为，其中用于检验"实质监管"与非 SEO 公司"股利增加"相关性的为模型（4.10），而用于检验股利分配政策与监管政策相关性的为模型（4.11）。

（1）股利增加与半强制分红"实质监管"的关系模型为：

$$\text{Logit(Increase)} = \alpha_0 + \alpha_1 \text{GC} + \alpha_2 \text{Size} + \alpha_3 \text{Lev} + \alpha_4 \text{Lnincome} + \alpha_5 \text{Roe}$$
$$+ \alpha_6 \text{NCPS} + \alpha_7 \text{Grow} + \sum \lambda_i \text{Indy}_i + \sum \lambda_j \text{Year}_j + \varepsilon$$

$$(4.10)$$

（2）半强制监管变迁与股利分配政策变化的关系模型为：

$$\Delta \text{Div} = \beta_0 + \beta_1 \text{Regulation}_1 + \beta_2 \text{Regulation}_2 + \beta_3 \text{Regulation}_3 + \beta_4 \text{Lev} + \beta_5 \text{Roe}$$
$$+ \beta_6 \text{NCPS} + \beta_7 \text{Grow} + \sum \lambda_i \text{Indy}_i + \sum \lambda_j \text{Year}_j + \varepsilon \qquad (4.11)$$

模型（4.10）中的哑变量为被解释变量"股利增加"（Increase），若公司本年度的每股现金股利比去年高，那么取值为 1，否则取 0。值得注意的是，2008 年上市公司的分红行为因世界金融危机的爆发而出现了"异化"现象，所以，应该以 2007 年作为 2009 年"股利增加"（Increase）的比较基准；模型（4.11）中的本年度每股现金股利与去年每股现金股利的差值为被解释变量，反映的是分红变化。相应地，也应该以 2007 年的每股现金股利作为 2009 年的比较基准。

虚拟变量为自变量"实质监管"（GC）[①]，以 2006 年为划分界限，《办法》（2006）出台之前的年份取值为 0，之后为 1。分段虚拟变量有 Regulation$_1$、Regulation$_2$、Regulation$_3$，用于对《规定》（2004）、《办法》（2006）、《决定》（2008）等监管政策的变化与股利分配政策变化的关联性进行计量。2004 年、2005 年样本区间 Regulation$_1$ = 1，其他年度为 0；2006 年、2007 年样本区间 Regulation$_2$ = 1，其他年份为 0；2009 年、2010 年样本区间 Regulation$_3$ = 1，其他年份为 0。

其他变量为控制变量，包括：（1）企业总资产自然对数；（2）年度虚拟变量；（3）杠杆，资产负债率；（4）业绩，净资产收益率；（5）现金流，每股自由现金流量；（6）行业虚拟变量；（7）成长性，主营业务收入增长率。

---

① 此处"实质监管"的判定与前文一致。

（二）样本与数据来源

本节的初始研究对象为 A 股上市公司，样本时间跨度为 2001～2010 年，通过筛选，得到如下样本：（1）淘汰 2008 年度样本观测值①；（2）淘汰异常财务数据，以及标注为 ST、*ST、PT 的上市公司样本；（3）淘汰 2006 年及之后进行了股权再融资（SEO）的上市公司样本；（4）淘汰没有指标值的上市公司样本；（5）淘汰特殊行业样本，如金融保险行业。最后得到 6 835 个研究观测样本，表 4 - 14 所示即各个年份观测值的分布情况。本节主要从国泰安数据库中获取公司和财务指标数据。

表 4 - 14　　　　　　　　　各年度样本观测值分布情况

年度	观测样本数
2001	303
2002	341
2003	373
2004	415
2005	421
2006	452
2007	476
2009	484
2010	484

三、实证分析

（一）样本统计性描述分析

变量缩尾处理之前的统计性描述结果如表 4 - 15 所示，股利增加变量（In-

---

① 受 2008 年全球金融危机的影响，上市公司分红行为与"一般"年度不具参考性。

crease）的均值为 0.231，这意味着 2001~2010 年各年增加了现金股利的上市公司有 23.1%，实质监管变量（GC）的均值为 0.554，说明实质监管后样本观测值占比为 55.4%。就变量标准差而言，标准差比较大的为 Lev、Lnincome、Roe，其余都比较小。后续进行回归分析前先对上述变量进行了缩尾处理，以消除异方差影响。

表 4-15　　　　　　　　　　　　统计性描述结果

variables	N	mean	p50	sd	max	min
Increase	6 853	0.231	0	0.422	1	0
Gc	6 853	0.554	1	0.497	1	0
NCPS	6 853	0.0869	0.0134	0.745	12.93	-5.547
Grow	6 853	0.391	0.12	1.073	6.101	-0.662
Lev	6 853	0.736	0.492	10.96	877.3	0.00173
Roe	6 853	0.00289	0.0605	2.755	135.3	-134.8
Size	6 853	21.28	21.19	1.146	28.14	11.35

"股利增加"在各个区间的分布情况如表 4-16 所示，在 $Regulation_1 = 1$ 的区间内（2004 年、2005 年），增加了现金分红的上市公司有 24.8325%；在 $Regulation_2 = 2$ 的区间内（2006 年、2007 年），增加了现金分红的上市公司有 24.99027%；在 $Regulation_3 = 3$ 的区间内（2009 年、1010 年），增加了现金分红的公司有 31.156%。由此数据可知，增加现金分红的公司数量随着一系列半强制分红监管规定的出台而有所增加。

表 4-16　　　"股利增加"（Increase）比例在各区间的分布情况

$Regulation_1$（2004 年、2005 年）	N	2 388
	均值	24.83%
$Regulation_2$（2006 年、2007 年）	N	2 569
	均值	24.99%

续表

Regulation₃（2009 年、2010 年）	N	3 062
	均值	31.16%

（二）相关性分析

研究变量之间的 Pearson 相关系数如表 4 – 17 所示，变量"实质监管"（GC）与"股利增加"（Increase）的相关系数在 1% 的水平显著，具体为 0.087，这意味着在"实质监管"阶段增加分红水平的非 SEO 上市公司数量多于"监管萌芽"阶段。另外，就控制变量而言，每股自由现金流、净资产收益率、总资产自然对数越大，则"股利增加"越明显；但是主营业务增长率和杠杆水平越高，则"股利增加"越不明显。各解释变量间相关系数低于 0.5，没有明显的共线性问题。

表 4 – 17　　　　　　　　　　主要变量相关系数

variables	Increase	Gc	NCPS	Grow	Lev	Roe	Size
Increase	1	0.087 ***	0.065 ***	– 0.036 ***	– 0.016	0.022 *	0.162 ***
Gc		1	0.113 ***	0.012	0.018	0.033 ***	0.074 ***
NCPS			1	0.029 **	– 0.002	0.025 **	0.116 ***
Grow				1	0.004	0.005	– 0.058 ***
Lev					1	– 0.047 ***	– 0.142 ***
Roe						1	0.014
Size							1

注：表中为 Pearson 相关系数，*、**、*** 分别表示在 10%、5%、1% 的水平上显著。

（三）回归分析

我们在控制相关变量影响的前提下进行了 Logit 回归分析，结果如表 4 – 18 所示，以验证非 SEO 上市公司是否因为"实质监管"而更愿意增加分红。结合表 4 – 18 的内容可得知：

表 4 – 18 "实质监管"对上市公司"现金股利增加"的影响（Logit 回归）[①]

变量	(1) Increase 全样本	(2) Increase 民营企业	(3) Increase 国有企业	(4) Increase 高融资约束	(5) Increase 低融资约束
GC	0.203* (1.88)	0.396** (2.07)	-0.170 (-1.20)	0.379** (2.35)	-0.230 (-1.52)
Grow	-0.0144 (-1.48)	-0.0580** (-2.03)	-0.00449 (-0.76)	-0.0420* (-1.76)	-0.0882*** (-5.66)
Lev	-2.706*** (-15.49)	-3.534*** (-10.67)	-2.104*** (-9.48)	-3.329*** (-12.80)	-1.826*** (-7.21)
Roe	0.0257* (1.82)	0.0630 (1.47)	0.0235 (1.55)	0.0212 (1.24)	5.373*** (11.00)
NCPS	0.317*** (7.55)	0.381*** (3.94)	0.329*** (6.52)	0.0589 (1.05)	-0.000425 (-0.01)
Size	0.325*** (10.70)	0.516*** (7.27)	0.323*** (8.72)	0.686*** (6.81)	0.151*** (3.11)
Indy$_i$	控制	控制	控制	控制	控制
Year$_j$	控制	控制	控制	控制	控制
_cons	-6.651*** (-10.48)	-10.06*** (-6.98)	-6.944*** (-8.89)	-13.89*** (-6.67)	-3.222*** (-3.03)
Log likelihood	-3 318.6151	-1 020.0467	-2 118.1173	-1 536.2479	-1 701.084
LR chi2	650.30	330.43	350.39	346.96	385.10
Pseudo R^2	0.0892	0.1394	0.0764	0.1015	0.1017
N	6 620	2 224	4 186	3 470	3 150

注：*、**、***分别表示在 10%、5%、1%的水平上显著，括号内为 t 值。

[①] 融资约束程度以规模为标准，若企业规模 Size 高于样本公司均值界定为低融资约束，若企业规模 Size 低于均值则界定为高融资约束。

（1）全样本回归结果显示，GC 的系数在 10% 的水平上显著，具体为 0.203，这意味着非 SEO 上市公司因半强制分红的"实质监管"而增加了现金分红，成功验证假设 4 - 6，同时也从侧面反映出"半强制分红政策"能够孕育"分红文化"，也就是说，虽然我国目前正在实施的一系列半强制分红管制政策漏洞较多，具体细则缺乏可操作性（皮海洲，2011），但需要承认的是，出台和实施"半强制分红政策"充分调动了我国资本市场的分红积极性，使之形成了一定的分红意识。

（2）分红回归结果显示，民营企业组 GC 系数在 5% 的水平上显著，为 0.396，体现出在"实质监管"背景下，民营上市公司的分红水平有所提升，但国有企业分红水平并无明显变化，说明相同政策对不同产权性质上市公司的影响是完全不一样的，这一结论令人感到惊讶，普遍认为政策对国有上市公司的影响更为明显，其在半强制分红监管背景下的分红行为应该积极于民营上市公司，但实际正好相反。法乔等（Faccio et al.）通过研究发现，企业获得资金的难度会因为其有政治关系而有所降低。[①] 基于这一因素，我国上市公司融资约束程度可以通过终极控制人的性质体现出来（甄丽明和罗党论，2008；王彦超，2009），我国民营上市公司的融资门槛比国有企业高很多，国有企业可以获得更为便利的融资渠道。所以，我们认为，国有企业与民营企业对"实质监管"的回应存在显著差异的原因就是融资约束引发了潜在融资需求，在融资约束条件下，民营上市公司对证监会量化监管、要求再融资资格与分红水平相结合规定的敏感程度比国有上市公司更强。

（3）我们以魏诗博和郭牧炫（2011）、王彦超（2009）的研究结果为参考，论证此结论。首先根据企业规模对企业受融资约束程度的标准进行划分，通过分组回归得到表 4 - 18 中第（4）列和第（5）列的结果，第（4）列高融资约束样本组的 GC 系数在 5% 的水平上显著，为 0.379，第（5）列低融资约束样本 GC 系数不显著，这说明上市公司是否容易受"实质监管"影响很大程度上是由融资约束程度决定的。

---

① Faccio, mara. Masulis, Ronald, W. and Mcconnel, John, J.. Political Connection and Corporate Bailouts. *The Journal of Finance*, 2006（60）.

(四) 进一步的研究：分段回归的结果

我们根据《规定》(2004)、《办法》(2006)、《决定》(2008)中的监管内容进一步考察了股利分配政策是否会随监管政策的变化而调整，表4-19所示即具体的分段回归结果。

表4-19 监管政策变迁与上市股利政策变动的关系（OLS回归）

变量	(1) Div 全样本	(2) Div 国有企业	(3) Div 民营企业	(4) Div 高融资约束	(5) Div 低融资约束
$Regulation_1$	0.0197*** (3.34)	0.0143* (1.90)	0.000918 (0.09)	0.0213*** (3.67)	0.0159 (1.42)
$Regulation_2$	0.0101* (1.74)	0.00582 (0.78)	0.00531 (0.56)	0.00670 (1.14)	0.0101 (0.91)
$Regulation_3$	0.0256*** (4.61)	0.00380 (0.51)	0.0366*** (4.18)	0.0399*** (7.18)	0.00996 (0.95)
oprcashshare	0.00321 (1.58)	0.00180 (0.68)	0.0107** (2.85)	0.00396 (1.25)	0.00170 (0.59)
grow	0.00000135 (0.07)	0.00000280 (0.13)	-0.00000357 (-0.07)	0.000000891 (0.06)	-0.00000509 (-0.07)
lev1	-0.00125 (-0.20)	0.0131 (1.38)	-0.00668 (-0.76)	-0.000267 (-0.44)	-0.00341 (-0.23)
eps	0.0252*** (7.25)	0.0269*** (5.47)	0.0150** (3.04)	0.0141*** (4.06)	0.0369*** (6.18)
size	-0.00588*** (-4.29)	-0.00529** (-2.92)	-0.00348 (-1.40)	-0.00139 (-0.53)	-0.00969** (-3.08)
_cons	0.109*** (3.74)	0.0939* (2.45)	0.0661 (1.25)	0.0141 (0.26)	0.196** (2.87)

续表

变量	（1）	（2）	（3）	（4）	（5）
	Div	Div	Div	Div	Div
	全样本	国有企业	民营企业	高融资约束	低融资约束
F 值	7.17	2.82	5.17	5.88	3.60
Adjust R^2	0.0177	0.0112	0.0366	0.0225	0.0138
N	6 780	4 235	2 331	3 614	3 166

注：*、**、*** 分别表示在 10%、5%、1% 的水平上显著，括号内为 t 值；融资约束的划分标准同表 4 – 17。

由表 4 – 19 中第（1）列全样本的回归结果可知，Regulation$_1$ 与 Regulation$_3$ 的回归系数在 1% 的水平上显著为正，而且在 1% 的水平上显著；Regulation$_2$ 的回归系数在 10% 的水平上显著为正，这说明出台和实施《规定》（2004）、《办法》（2006）、《决定》（2008）的确影响了非 SEO 上市公司，且正向地影响着这些公司的分红变化，假设 4 – 7 得到验证。继续分组回归可得知，除了 Regulation$_1$ [《规定》（2004）] 显著影响国有上市公司股利政策行为变化之外，其他"半强制分红政策"的影响并不明显。民营企业组分析结果中，系数显著为正的只有 Regulation$_3$，这意味着《决定》（2008）明显地影响着民营上市公司股利政策行为。

另外，受融资约束程度的分组回归结果显示，《规定》（2004）（Regulation$_1$）与《决定》（2008）（Regulation$_3$）对高融资约束组的分红变化的影响十分明显，且属于正向影响，但是低融资约束组上市公司股利政策变化基本不受"半强制分红政策"的影响，这又一次说明上市公司对"半强制分红政策"的反应程度与之受融资约束的程度息息相关。

（五）结果讨论

我们采用实证分析的方法，研究了证监会出台的系列"半强制分红政策"对我国非股权再融资企业（非 SEO）现金分红政策的影响，以进一步证实"半强制分红政策"有无引导上市公司孕育现金分红文化的作用。首先，以《办法》（2006）的出台作为本节研究的背景，梳理了上市公司增加现金股利行为与"实质监管"之间的相关性。Logit 回归结果显示，越来越多的上市公司在"实质监管"之后增加了现金分红，而且由于融资约束的客观存在，民营上市公司基本都处于一种积极应对"实质监管"的状态。其次，采用分段回归手段对《规定》（2004）、《办法》（2006）、《决定》（2008）系列"半强制分红政策"的出台和实施对上市公司股利政策行为的影响进行了研究。实证分析结果显示，三个关键的"半强制分红政策"正向影响上市公司现金分红行为的变化，政策变化对高融资约束类上市公司、民营上市公司的影响比国有企业更为明显。

结合前文所得研究结果不难发现，虽然我国证监会颁布的系列半强制分红监管政策在实施过程中暴露出了种种问题和缺陷，但必须承认的是，投资者、资本市场、上市公司管理层等主体自从证监会出台了"半强制分红政策"之后更加关注上市公司现金分红问题。我们的经验证据证实，我国"半强制分红政策"的确能够孕育浓厚的分红文化和氛围。

我们以证监会 2006 年出台的《上市公司证券发行管理办法》作为"实质监管"分水岭，采用双重差分（DID）模型对我国"半强制分红政策"的总体效应进行了验证，对股权再融资（SEO）上市公司现金分红行为对"半强制分红政策"的敏感程度进行了实证分析，以分红文化为切入点，对"半强制分红政策"影响非股权再融资（非 SEO）上市公司现金分红行为的程度进行了实证检验。研究结果显示，在"半强制分红政策"背景下，股权再融资（SEO）上市公司的现金分红水平并未发生明显变化，但是为了达到"监管明线"的要求，上市公司会选择发放现金股利；非股权再融资（非 SEO）上市公司在半强制分红监管背景下积极派发现金股利，而且监管政策对现金股利增加起到了正向影响。结合上述研究结果可以发现，我国系列"半强制分红政策"存在明显的不完备性和"监管悖论"，而且引起了业内的高度重视和广泛研究，但是在我国资本市场"铁公鸡"众多以及现金分红水平低下的背景下，对"半强制分红政策"的数次调整和补充确实起到了倡导分红文化的作用，就这一点而言，我国"半强制分红政策"未来依然有其存在的价值，但需要尽快优化监管政策设计。

第五章
股息红利税收制度对
股利政策的影响

股息红利税和公司股利政策之间的关系一直都是财务学及经济学重点关注的问题，但是对于征收股息红利税，在财务学文献、经济学文献或税收政策方面都存在着很大的争议。股息红利税是一把"双刃剑"，一方面，通过征收股息红利税实现了社会财富资源的再分配；另一方面，征收股息红利税降低了投资者的投资回报，变相降低了经济社会中的资本存量与储蓄；另外，上市公司不愿意向投资者进行现金分红，以增加税收负担，而更愿意将公司利润留存。然而，利润留存在公司将进一步导致严重的代理问题，增加公司的无效率投资。因此，很有必要探讨股息红利税调整对上市公司现金分红产生的影响，以及公司微观财务特质对股息红利税变动的回应。

基于此，为了取得我国股息红利税对现金股利政策影响的经验证据，并为将来进一步完善我国股息红利税政策提供参考，本章将以 2012 年 11 月 16 日由财政部、国家税务总局和证监会联合发布的《关于实施上市公司股息红利差别化个人所得税政策有关问题的通知》（以下简称《通知》）为背景，研究我国 2013 年股息红利税"差别化征收"的市场反应，以及对现金股利政策的实际影响。

第一节　股息红利税 "差别化征收" 与股利政策——基于我国 A 股上市公司的证据

一、政策背景

在我国股息红利税"减半征收"政策出台前，美国 2003 年实行了股息红利税调整政策，将个人股息红利税降低了 23.6%，调整后个人股息红利税降低至 15%，该股息红利税的降低一定程度上提高了美国上市公司现金股利政策的积极性。约翰娜等（Jouahn Nam et al.，2010）研究发现，美国在开始实施股息红利税下调年度有1 000多家上市公司的现金分红增加。拉吉柴提和伊曼纽尔·赛斯（Raj Chetty and Emmanuel Saez，2005）研究表明，美国下调股息红利税对美国上市公司的现金股利政策产生了一定影响。但总体而言，股息红利税对上市公司现金股利政策影响的研究结论仍存在很大争议。

我国财政部、国家税务总局于2005年颁布了股息红利税"减半征收"政策。随后，2012年11月16日又出台了《关于实施上市公司股息红利差别化个人所得税政策有关问题的通知》，该通知是继股息红利税"减半征收"后的又一次股息红利税调整，这为我们研究股息红利税调整对现金股利政策的影响提供了契机。这两次股息红利税调整的初衷是鼓励上市公司积极现金分红，回馈投资者。杨宝和刘莎（2015）实证研究显示，我国实施的上市公司股息红利税"减半征收"确实提高了上市公司的现金分红。2015年9月8日，我国对股息红利税"差别化征收"政策进行了微调，暂免征收持股超过一年的股息红利税。

我国股息红利税"差别化征收"政策实施以来，其执行的政策效果如何？是否真正提高了上市公司的现金分红水平、保护了投资者利益？不同财务特征的上市公司在政策的执行效果方面存在哪些差别？带着这些问题，我们以2012年11月16日颁布的股息红利税"差别化征收"政策为背景，深入探讨该政策实施对我国上市公司现金股利政策的影响，以便取得股息红利税调整对股利政策影响的经验证据，并为完善我国股息红利税政策提供经验借鉴和支持。

二、理论分析与假设提出

大多数学者都是从时间序列分析的角度，采用实证方法来研究税收对上市公司现金股利政策的影响，很少关注某一具体税收政策变化对股利政策带来的影响。已有文献研究表明，股息红利税对公司产生的影响存在新旧两种不同的观点。旧观点认为，公司股息红利税与其净投资收益率负相关，降低公司的股息红利税会增加公司的股东财富和刺激投资，从而会增加公司的利润和股息。而新观点则认为，征收股息红利税不会影响公司的投资以及股利分配政策。

股息收入和资本利得两者之间的税差长久以来一直存在着，股利税差理论表明，当股息红利税税率高于资本利得税税率时，理性的上市公司则会选择少发现金股利，这为多年来我国大多数上市公司选择少分红或者不分红提供了"托词"。叶建芳和郭琳（2010）认为，上市公司现金红利来自公司的税后净利润，税后净利润已经缴纳了企业所得税，在此基础上实施的现金分红又需缴纳个人所得税，这是一种重复征税的现象，无论对于上市公司还是投资者来讲都有失公平。关华和潘明星（2011）研究表明，股息重复征税对公司利润分配、筹资以及公司发展都会产生负面的影响。

为了鼓励上市公司积极进行现金分红，降低投资者承担的股息红利税负，我国股息红利税调整先后经历了 2005 年股息红利税"减半征收"、2013 年股息红利税"差别化征收"，以及 2015 年对于持股期限在 1 年以上的股息红利税为 0 的调整。具体调整内容如下：第一，2005 年股息红利税由原来的股息红利税税率为 20% 减半调整至按 10% 的税率征收个人股息红利税。第二，2013 年实施的"差别化征收"政策中规定对于持股时间 1 年以上的，按照 5% 的税率征税；持股超过 1 个月而短于 1 年的，仍然使用 10% 的税率；而持股时间短于 1 个月的则按照 20% 的税率征税，这对于持股期限不超过 1 个月的短期投资者来讲似乎不是"利好"消息。第三，2015 年的股息红利税在 2013 年股息红利税"差别化征收"政策的基础上做了微调，将其持股期限超过 1 年的投资者的股息红利税负减至为 0，旨在吸引更多的长期投资者进行投资。从我国股息红利税的调整历程可以看出对于投资持股时间越长的投资者，其承担的股息红利税负越低，因此，股息红利税的降低有利于鼓励长期投资，抑制我国资本市场上的短期炒作行为。

杨宝等（2017）认为我国上市公司现金分红随意性较大，股利支付对监管政策的迎合性也较为明显，公司的平均股利支付率水平偏低。此外，杨宝和王译晗（2017）研究表明，我国上市公司的现金分红意识近年来有所加强，股利分配政策的年度连续性有所提高，但股息支付率仍然低于国际水平。梁俊娇和武红强（2019）研究表明，2012 年的股息红利税"差别化征收"政策改革显著提高了上市公司分红的积极性。已有文献表明，我国的股息红利税税制改革一定程度上影响了上市公司的现金分红水平，股息红利税"减半征收"政策刺激了上市公司股利分配政策，带来了市场的积极反应。那么，2012 年出台的股息红利税"差别化征收"政策旨在重塑市场的价值投资，鼓励上市公司积极进行现金分红，提高投资者收益，对我国上市公司的分红水平会产生一定的影响。

2012 年 11 月 16 日，股息红利税"差别化征收"政策的出台在一定程度上降低了股息收入和资本利得之间的税差，这将刺激上市公司积极进行现金分红。而投资者对于股利收入与资本利得的个人"偏好"也会有所改善，尤其是对持股期限在 1 年以上的长期投资者，会增加他们在股息红利税"差别化征收"政策后对股息的"偏好"。因此，对于 2013 年 1 月 1 日开始实施的股息红利税"差别化征收"政策，预计会引起上市公司积极进行现金分红。进而，提出以下假设：

假设 5 - 1：与股息红利税差别化征收前相比，股息红利税差别化征收后上市公司的现金分红水平会显著增加。

我国股息红利税"差别化征收"政策是如何影响上市公司股利分配决策的？具备不同财务特征的上市公司，对该政策有何不同的反应？已有文献研究表明，现金流会对公司的现金分红政策产生影响。同时，很多公司的财务总监都认为公司的现金流是影响公司发放现金股利的一个非常重要的因素。王敏（2011）研究认为，上市公司的现金分红水平与内部自由现金流之间显著正相关，当公司内部现金流不足或者不稳定时，公司会减少发放现金股利以应对资金的短缺，保持公司的财务弹性。

公司所处的生命周期会影响公司的股利分配政策。处于快速成长期的公司，会减少现金股利的分配，以满足投资机会的需要（杨汉明和曾森，2015；刑天才和黄阳洋，2018）。在成长期，公司面临更多的投资机会，需要更多的资金来抓住这些投资机会，对资金的需求较大，因而公司会选择支付较少的现金股利；在成熟期，公司的盈利能力好，现金流充沛且没有很好的投资机会，因而会选择支付较多的现金股利。

基于以上分析，我们认为2012 年 11 月 16 日股息红利税"差别化征收"政策的出台，在一定程度上提高了上市公司现金分红的积极性，但对处于不同生命周期的上市公司来说，对该政策市场的反应会有所差异。

针对公司的投资机会及现金流的不同，我们将公司划分为有潜在融资需求的公司和无潜在融资需求的公司，投资机会好并且内部现金流不足的公司被认定为有融资需求的公司；反之，现金流比较充沛且不具备好的投资机会的公司，界定为无潜在融资需求的公司。因而，较好的投资机会和内部自有资金匮乏的状况，决定了有潜在融资需求的公司，其现金分红水平会较低，并且不会因为股息红利税"差别化征收"的出台而显著提高其分红水平。这类公司将会对 2012 年颁布的股息红利税"差别化征收"政策做出消极的反应。据此，我们提出以下假设：

假设 5 - 2：上市公司的潜在融资需求与其现金分红水平负相关。

假设 5 - 3：与无潜在融资需求的上市公司相比，有潜在融资需求的上市公司在差别化征收政策出台后并不会显著提高其分红水平。

三、样本选取与研究设计

（一）样本选择

基于 2012 年 11 月 16 日颁布的股息红利税"差别化征收"政策为研究背景，我们选取 2010 ~ 2013 年全部 A 股上市公司为研究对象。为了使研究结果更加准确，对于上市公司样本数据的选取遵循以下原则：（1）删除所有的 ST、*ST 公司样本；（2）剔除金融业、保险业公司样本；（3）为了避免异常值的出现，所有连续变量均进行了相应的缩尾处理。最后共得到 8 536 个样本观测值，且样本公司的财务数据均来自国泰安 CSMAR 数据库。

（二）研究设计

为检验 2013 年 1 月 1 日开始具体实施的"股息红利税差别化征收"对上市公司现金分红的影响，建立模型（5.1）：

$$
\begin{aligned}
\text{Tobit}(\text{Div}) = {} & \beta_0 + \beta_1 \text{Taxrev} + \beta_2 \text{Cashort} + \beta_3 \text{Taxrev} \times \text{Cashort} + \beta_4 \text{MSH} \\
& + \beta_5 \text{Lev} + \beta_6 \text{Roe} + \beta_7 \text{Cash} + \beta_8 \text{Lnasset} + \beta_9 \text{Grow} + \beta_{10} \text{Dual} \\
& + \sum \beta_j \text{Indy}_j
\end{aligned}
\tag{5.1}
$$

1. 被解释变量

我们选取公司年末每股现金股利来衡量其现金分红水平，用 Div 表示，并将其作为模型设计的被解释变量。

2. 解释变量

（1）股息红利税差别化征收。针对股息红利税的调整和对公司现金分红政策的研究，我们将股息红利税"差别化征收"政策设定为哑变量，并用 Taxrev 表示。政策具体实施年度取值为 1，否则为 0。针对我们选取的样本期间，2010～2012 年三个年度取值为 0，2013 年取值为 1。

（2）潜在融资需求。根据公司财务特征的不同，将其分为有潜在融资需求的公司和无潜在融资需求的公司，并设其为哑变量，用 Cashort 表示。对于 Cashort 的衡量，我们参考李常青等（2010）的方法，如果公司的自由现金流水平比所有上市公司均值低，并且公司的投资机会比所有上市公司均值高时取值为 1，否则为 0。公司的投资机会主要是根据上市公司的托宾 Q 值来衡量，托宾 Q 值越大，则公司的投资机会就越好。

3. 控制变量

借鉴已有的研究文献，我们选取公司的规模、净资产收益率、资产负债率、现金流能力、公司投资机会、管理层持股以及两职合一作为控制变量，并同时控制行业（见表 5 - 1）。

表 5 - 1　　　　　　　　　　　　变量定义

变量类型	变量名称	变量符号	变量的衡量
因变量	现金股利政策	Div	年末每股现金股利
解释变量	股息红利税"差别化征收"	TaxRev	哑变量，2010～2012 年取为 0；2013 年取为 1
	潜在融资需求	Cashort	哑变量，有潜在融资需求的公司取 1；否则为 0
控制变量	公司规模	Lnasset	对公司的总资产取自然对数
	财务杠杆	Lev	资产负债率
	盈利能力	Roe	净资产收益率
	现金流能力	Cash	经营活动产生的净现金流量÷公司总资产
	投资机会	Grow	营业收入增长率
	管理层持股	MSH	年末管理层持股数量÷总股数
	两职合一	Dual	董事长和总经理为同一人取 1，否则取 0
	行业	Ind	依据证监会 2012 年行业分类标准，属于该行业取值为 1，否则为 0

四、实证分析

（一）描述性统计检验分析

由表 5-2 可知，2010～2013 年，样本公司现金分红水平的均值为 0.107 元，现金分红水平的最大值为 0.760 元，最小值为 0 元，两者数值相差不大，这与我国大部分公司不进行现金分红或者分红水平较低的现状相吻合。Taxrev 的均值为 0.265，表明股息红利税"差别化征收"政策出台后的样本占比为 26.5%；Cashort 的均值为 0.060，这说明样本中有潜在融资需求的公司占比为 6.0%。

表 5-2   主要变量描述性统计

变量	均值	标准差	$\frac{1}{4}$分位	中位数	$\frac{3}{4}$分位	最小值	最大值
Div	0.107	0.142	0.000	0.060	0.142	0.000	0.760
Taxrev	0.265	0.441	0.000	0.000	1.000	0.000	1.000
Cashort	0.060	0.237	0.000	0.000	0.000	0.000	1.000
MSH	0.125	0.211	0.000	0.000	0.180	0.000	0.700
Lnasset	21.819	1.271	20.900	21.635	22.541	19.225	25.768
Lev	0.433	0.229	0.244	0.431	0.611	0.034	0.972
Roe	0.081	0.120	0.035	0.079	0.130	-0.541	0.460
Cash	0.035	0.077	-0.006	0.037	0.081	-0.212	0.235
Grow	0.231	0.541	0.007	0.142	0.309	-0.562	4.095
Dual	0.239	0.426	0.000	0.000	0.000	0.000	1.000

（二）回归分析

为检验股息红利税"差别化征收"政策对我国上市公司现金分红的影响，

我们对假设 5 - 1、假设 5 - 2 以及假设 5 - 3 分别进行了 Tobit 回归分析，其具体回归结果分析如下：

(1) 由表 5 - 3 中第 (1) 列的回归结果可以看出，股息红利税 "差别化征收" 政策对于上市公司现金分红的影响系数为 0.009，且在 1% 的水平上显著。这说明在财政部、国家税务总局 2013 年 1 月 1 日开始具体实施股息红利税 "差别化征收" 政策后，我国的上市公司现金分红水平有了显著提高，因此，假设 5 - 1 得以证实。

(2) 由表 5 - 3 中第 (2) 列的回归结果可以看出，哑变量潜在融资需求 (Cashort) 的系数为 - 0.031，并在 1% 的水平上显著。这又证实了潜在融资需求越高的上市公司，其现金分红水平越低，因为其较好的投资机会以及自由现金流的不足使得其更加偏好对公司内部利润的留存，从而选择比较低的现金分红政策。假设 5 - 2 得到了证实。

(3) 由表 5 - 3 中第 (3) 列的回归结果可以看出，股息红利税的差别化征收 (Taxrev) 与潜在融资需求 (Cashort) 的交乘项系数为 - 0.024。这表明，与无潜在融资需求的上市公司相比，实施股息红利税 "差别化征收" 政策后，有潜在融资需求的上市公司对于提高公司现金分红水平表现得不那么积极，假设 5 - 3 得以验证。也就是说，对于有潜在融资需求的上市公司，即使相关部门出台股息红利税 "利好" 政策，其仍然会理性选择低现金分红股利政策。对此可能的解释是对于存在潜在融资需求的上市公司，由于其较好的投资机会需要公司持有足够多的现金流予以支持，并且一般情况下这些公司留存的现金比较低。因此，这类公司会理性选择低分红或者不分红的股利政策。

(4) 从表 5 - 3 中第 (1) 列、第 (2) 列及第 (3) 列的各个控制变量回归结果来看，管理层持股比例、上市公司的规模、净资产收益率、现金流能力对上市公司的现金分红水平产生正向显著影响。而上市公司的资产负债率、营业收入增长率却对上市公司的现金分红水平产生负向影响。该结论与已有研究文献（罗宏，2008；王化成等，2007）结论一致。

表 5 - 3   **Tobit 回归结果**

变量	(1)	(2)	(3)
	Div	Div	Div
Taxrev	0.009*** (3.20)		0.010*** (3.60)
Cashort		-0.031*** (-3.87)	-0.025*** (-2.73)
Taxrev_Cashort			-0.024 (-1.43)
MSH	0.123*** (9.74)	0.124*** (9.83)	0.122*** (9.74)
Lnasset	0.054*** (19.87)	0.053*** (19.84)	0.053*** (19.69)
Lev	-0.342*** (-21.51)	-0.346*** (-21.72)	-0.346*** (-21.68)
Roe	0.780*** (20.15)	0.786*** (20.26)	0.791*** (20.21)
Cash	0.250*** (8.54)	0.250*** (8.54)	0.248*** (8.47)
Grow	-0.031*** (-6.66)	-0.031*** (-6.59)	-0.030*** (-6.51)
Dual	0.014** (2.50)	0.015*** (2.64)	0.015*** (2.58)
_cons	-1.052*** (-18.80)	-1.036*** (-18.64)	-1.034*** (-18.59)
N	7 903	7 903	7 903
F	127.16***	127.53***	102.37***

注：**、*** 分别表示在 5%、1% 的水平上显著，括号内为 t 值。

（三）稳健性分析

为了检验研究结论的可靠性，我们剔除了全样本当中2010～2013年实施增发股票再融资的公司，按照上述模型重新回归，得到的结论不变。所以，本节研究结论稳健可靠（见表5－4）。

表5－4 稳健性检验结果

变量	（1）	（2）	（3）
	Div	Div	Div
Taxrev	0.011*** （3.97）		0.013*** （4.36）
Cashort		-0.028*** （-3.06）	-0.019* （-1.88）
Taxrev_Cashort			-0.035** （-1.96）
MSH	0.115*** （8.93）	0.116*** （9.05）	0.115*** （8.93）
Lnasset	0.054*** （19.78）	0.054*** （19.78）	0.053*** （19.62）
Lev	-0.353*** （-21.57）	-0.356*** （-21.73）	-0.355*** （-21.69）
Roe	0.836*** （20.94）	0.839*** （20.97）	0.844*** （20.96）
Cash	0.237*** （8.04）	0.238*** （8.11）	0.235*** （8.03）
Grow	-0.016*** （-2.61）	-0.016*** （-2.62）	-0.015** （-2.47）

续表

变量	（1）	（2）	（3）
	Div	Div	Div
Dual	0.017*** (3.00)	0.018*** (3.11)	0.017*** (3.05)
_cons	－1.065*** （－18.78）	－1.053*** （－18.66）	－1.049*** （－18.60）
N	7 208	7 208	7 208
F	125.59***	125.27***	100.85***

注：*、**、*** 分别表示在 10%、5%、1% 的水平上显著，括号内为 t 值。

五、研究结论

本节以 2012 年 11 月 16 日颁布的股息红利税"差别化征收"政策为背景，深入研究了股息红利税调整政策对上市公司现金分红的影响。实证结果表明：（1）2013 年实施股息红利税"差别化征收"政策后上市公司的现金分红水平显著高于股息红利税政策调整之前（2010 年、2011 年、2012 年）的水平，说明股息红利税"差别化征收"政策有力推动了上市公司积极进行现金分红；（2）有潜在融资需求的上市公司对本次股息红利税调整政策的反应并不那么积极，这类公司对此次股息红利税调整政策的反应较为理性。

研究结论表明，2012 年股息红利税"差别化征收"政策的调整总体上提高了我国上市公司现金分红的积极性，有利于保护投资者的利益，促进资本市场价值投资理念的回归。不同类型的上市公司对此次股息红利税"差别化征收"政策的反应不同，公司会根据自身的发展情况、投资机会以及内部的现金流情况合理制定现金分红决策。值得注意的是，我国股息收入需要交纳所得税，但目前资本利得不用纳税，由于两者之间存在明显的税差，因此，进一步降低股息红利税率，减轻投资者股息红利税负将成为未来我国股息红利税税制改革的方向。

第二节 股息红利税 "差别化征收" 的市场反应研究——基于事件研究法的分析

一、制度背景

税收作为调节收入分配的一种重要机制，是公司在进行财务决策时不可忽略的一个重要因素。股息红利税一直以来都是财务学以及经济学界重点关注的话题，但是对于股息红利税征税的做法一直存在很大争议。业界争议的焦点在于，对于已经缴纳过企业所得税的股息收入，在派发给个人时还要再次征收个人所得税，这是一种双重征税，有失公平。基于很多国家股息红利税高于资本利得税的情况，学术界主流的两大观点是布拉德福德（Bradford，1981）提出的"税收资本化观"与米勒和斯科尔斯（Miller and Scholes，1978）提出的"税收惩罚观"。

2012 年 11 月 16 日，财政部、国家税务总局、证监会联合发布《关于实施上市公司股息红利差别化个人所得税政策有关问题的通知》，该通知规定自 2013 年 1 月 1 日起股息红利税实行"差别化征收"政策，即按照投资者持股时间的长短征收股息红利个人所得税。此次股息红利税的调整相对于 2005 年的"减半征收"又再一次降低了股息红利税，尤其是对于持股时间较长的投资者（持股时间超过 1 年的）税率更低，这也表明国家在宏观层面鼓励广大投资者进行长期投资，抑制资本市场上的短期炒作行为。

以我国 2012 年颁布的股息红利税"差别化征收"政策为背景，本节重点研究以下问题：（1）股息红利税"差别化征收"政策的市场反应如何？（2）股息红利税"差别化征收"政策引起市场反应的内在影响机理是怎样的？上市公司的微观财务特征是否会对该政策产生不同的市场反应？我们采用事件研究法来研究该政策的市场效应与影响机理，以期为未来我国股息红利税政策改革提供经验证据。

二、理论分析与假设提出

我国资本市场一直以来经历着"震荡与调整""牛市与熊市的交织演变"。2008 年金融危机之后，全球经济几乎全部陷入低迷状态。为了鼓励上市公司积极分红以及回报广大中小投资者，一些学者纷纷呼吁降低或减免证券交易印花税、股息红利税。为此，2005 年 6 月 13 日，财政部、国家税务总局联合发布了股息红利税"减半征收"政策，将股息红利税税率由原来的 20% 降低至 10%。股息红利税"减半征收"政策引起了市场怎样的反应？杨宝和袁天荣（2013）研究发现，该政策发布期间市场经历了"期望—失望"的反应过程。继股息红利税"减半征收"政策之后，2012 年 11 月 16 日，财政部等一些相关部门又出台了股息红利税"差别化征收"政策，该政策规定：持股超过 1 年的股息红利税税率为 5%，持股 1 个月 ~ 1 年的股息红利税税率为 10%，而对于持股期不足 1 个月的投资者则征收 20% 的股息红利税。从而我们可以看出，此次股息红利税调整后税负会随着投资者持股时间的增加而降低，该政策实施的最终目的是鼓励长期投资，抑制短期市场炒作行为。

关于股息红利税的征收比较主流的观点有"税收惩罚观"和"资本化观"。税收惩罚观认为股息红利税不影响上市公司的股价，而对股东征收股息红利税属于一种"税收惩罚"。拉斯法（Lasfer，1995）、利岑贝格和拉马斯瓦米（Litzenberger and Ramaswamy，1979）的经验证据证实了该观点。因此，降低股息红利税对投资者能够形成一定的利好，从而带来比较积极的市场反应。而"资本化观"则认为如果权益资产的估值对股息红利税做出了资本化处理，那么股价就蕴含了预期股利税的影响，股价会随股息红利税的变化而做出相应调整。因此，预期股利边际税率与股息资本化所得的公司股价负相关，所以当股利税增加时会带来市场的消极反应，而当减少股利税时则会带来积极的市场反应。也有一种观点认为由于股利本身所具有的信号传递效应，股利税的降低这一"利好"消息会带来预期现金股利的增加，从而引起市场的积极反应。

与股息红利税"减半征收"政策相比，2013 年股息红利税"差别化征收"调整幅度最大的方面体现在对长期投资者的税负减免力度，而对于短期投资者而言税负并未减轻，且对于持股不足 1 个月的投资者按照 20% 的税率征收股息红利个人所得税。我国的资本市场是一个新兴的资本市场，市场上短期投资者较多，和其他一些比较成熟的资本市场相比，我国资本市场上散户投资者较多，机构投资者较少，股息红利税"差别化征收"政策出台后，其政策导向主要是吸引更多的长期投资者进行投资，但就目前我国的资本市场现状来看，在广大散户投资者占比居多的情况下，股息红利税的"差别化征收"政策不一定能带来积极的市场反应。基于上述分析，本节提出以下对立假设：

假设 5 - 4a：股息红利税"差别化征收"政策表现出积极的市场反应，公司的累计超额收益率显著为正。

假设 5 - 4b：股息红利税"差别化征收"政策表现出消极的市场反应，公司的累计超额收益率显著为负。

那么上市公司微观财务特质对 2013 年股息红利税"差别化征收"会产生怎样的市场反应？深入考虑分析该问题将有助于我们理解 2012 年股息红利税"差别化征收"市场反应的影响机理。曾亚敏和张俊生（2005）研究表明，支付现金股利越多的上市公司对股息红利税下调政策的市场反应越积极，因为股息红利税的降低使得发放同样的现金股利缴纳的税赋降低。拉杰·切蒂和伊曼纽尔·赛斯（Raj Chetty and Emmanuel Saez，2005）研究了美国 2003 年股息红利税下调政策的影响，发现盈利好的公司对股息红利税下调的反应较积极。其原因可能是盈利较好的公司拥有充沛的现金流，派发现金股利的能力强。

对于投资机会少但现金流却很充沛的公司而言，其本身就具备了较强的分红能力，因此这类公司会对 2012 年颁布的股息红利税"差别化征收"政策做出积极的反应；而对于以前年度分红较多的上市公司来讲，市场会对其有一个分红的预期，我们将其界定为现金分红预期高的公司，其对股息红利税"差别化征收"政策的反应会比较积极。此外，股息红利税"差别化征收"政策的实施有利于市场重塑价值投资的理念，且对于持股超过 1 年的投资者而言，股息红利税负得以减轻，由此，具备较高流通股比例的上市公司的市场反应更加积极。

然而，此次股息红利税"差别化征收"政策的颁布也可能引起资本市场的消极反应。吴德军等（2017）通过实证研究表明，2012 年股息红利税"差别化征收"政策的出台引起了市场的消极反应,市场经历了"期望—失望"的反应过程,且该政策的出台降低了上市公司现金分红的积极性。这个结论似乎让人诧异,其原因可能是:

(1)股息红利税"差别化征收"政策没有改变重复征税。对于已经缴纳过企业所得税的税后利润,在派息时仍然要缴纳股息红利个人所得税,没有消除重复征税现象。此次股息红利税"差别化征收"政策不是一个利好的政策和消息。

(2)股息红利税"差别化征收"政策调整力度低于预期。2005年股息红利税"减半征收"后,股息红利税的税率直接降至10%,这在一定程度上刺激了上市公司的分红,但2012年颁布的股息红利税"差别化征收"政策相对于股息红利税"减半征收"政策的调整力度不大,且对于持股期限短于1个月的投资者而言,其股息红利税非但没降反而提高了。在免征股息红利税呼声高涨的情况下出台"差别化征收"政策无疑会带来市场的消极反应。

(3)股息红利税"差别化征收"政策没有很好地考虑我国新兴资本市场投资者的结构。在散户占比比较多的新兴资本市场上,短期炒作现象严重,而股息"差别化征收"对大部分投资者而言并未减轻其税负,由此产生消极的市场反应。

因此,我们提出以下三组对立假设:

假设5-5a:股息红利税"差别化征收"政策颁布期间,分红能力越强的上市公司市场反应越积极。

假设5-5b:股息红利税"差别化征收"政策颁布期间,分红能力越强的上市公司市场反应越消极。

假设5-6a:股息红利税"差别化征收"政策颁布期间,分红预期越高的上市公司市场反应越积极。

假设5-6b:股息红利税"差别化征收"政策颁布期间,分红预期越高的上市公司市场反应越消极。

假设5-7a:股息红利税"差别化征收"政策颁布期间,流通股比例越高的上市公司市场反应越积极。

假设5-7b:股息红利税"差别化征收"政策颁布期间,流通股比例越高的上市公司市场反应越消极。

三、样本选取与研究设计

（一）样本选取

本节将 2012 年全部 A 股上市公司作为初始研究样本，运用事件研究法考察 2012 年 11 月 16 日股息红利税"差别化征收"政策实施的市场反应。为使研究结论更加准确，按照以下标准进行样本筛选：（1）删除了 ST、*ST 上市公司；（2）删除金融、保险业上市公司；（3）删除（−10，+10）窗口期间数据缺失的样本；（4）删除（−10，+10）窗口期实施股权再融资的样本。经过上述标准筛选，最终获得 1 794 个观测样本。为了避免异常值的出现，所有连续变量均进行了相应的缩尾处理，且样本公司的财务数据均来自国泰安 CSMAR 数据库。

（二）研究设计

本节主要基于事件研究法分析股息红利税"差别化征收"政策的市场反应。此部分研究内容主要分为两部分：一是通过事件研究法观察股息红利税"差别化征收"的市场反应；二是通过多元回归分析来检验具备不同财务特征的上市公司对 2012 年股息红利税"差别化征收"政策颁布的不同市场反应。

1. 事件研究法

主要采用事件研究法对假设 5 − 4 进行检验，通过该方法观察上市公司在事件窗口日累计超额收益率的变动情况。具体来说：（1）以 2012 年 11 月 16 日为事件窗口日，事件窗口期为（−10，+10）。（2）估计窗口。选取股息红利税"差别化征收"政策出台前（−180，−30）共 150 天作为预期收益率的估计窗口。（3）采用市场回报模型作为个股预期收益率的计算方法，分别求出公司的超额收益率（AR）以及累积超额收益率（CAR），进而来衡量股息红利税"差别化征收"政策的市场反应。

我们运用市场模型来估计个股的预期正常收益率。市场模型计算公式为：

$$R_{it} = \beta_i + \gamma_i R_{mt} + \varepsilon \tag{5.2}$$

其中，β_i 和 γ_i 为待估计的系数；R_{it} 为股票预期实际收益率；R_{mt} 为市场指数的收益率。

超额收益率（AR）和累计超额收益率（CAR）计算公式为：

$$AR_{it} = R_{it} - (\beta_i + \lambda_i R_{mt}) \tag{5.3}$$

$$CAR_{it} = \sum AR_{it} \tag{5.4}$$

2. 模型设计以及变量选取

对本书提出的对立性假设 5 - 4、假设 5 - 5、假设 5 - 6 以及假设 5 - 7 主要进行多元回归分析，其多元回归模型为：

$$CAR = \beta_0 + \beta_1 Div\_ability + \beta_2 Div\_expec + \beta_3 CirShare$$
$$+ \sum \beta_i Controls + \varepsilon \tag{5.5}$$

其中，CAR 代表事件窗口期上市公司的累计超额收益率；Div_ability 代表上市公司的分红能力，设其为哑变量，当其上市公司的营业收入增长率低于所有上市公司的均值且每股自由现金流高于所有上市公司均值时，则表明该现金分红能力较强，此时 Div_ability 取值为 1，否则为 0。其中，每股自由现金流 =（净利润 + 利息支出 + 非现金支出 - 营运资本 - 资本性支出）÷ 总股数；上市公司现金分红预期用 Div_expec 表示，其数值取上市公司 2010 ~ 2012 年共三个年度的平均现金分红情况进行衡量。如果公司前三年累计现金分红均值高于所有上市公司的现金分红均值，则 Div_expec 取值为 1，否则为 0。流通股比例 CirShare 用上市公司流通股股数 ÷ 总股数来衡量。

四、实证分析

（一）描述统计分析

从表 5 - 5 主要变量的描述性统计检验结果可得知：CAR 的均值为 - 0.004，中位数为 - 0.005，表明股息红利税"差别化征收"政策颁布期间，总体而言上市公司整个事件窗口期内的累计超额回报率为负。上市公司的分红能力哑变量 Div_ability 的均值为 0.747，这表明从公司的现金流以及成长性来看，2012 年约 74.7% 的公司现金分红能力较好。公司的分红预期 Div_expec 的均值为 0.332，说明 2010～2012 年，A 股上市公司三年累计的平均现金分红水平为 0.332 元，总体来讲我国上市公司现金分红水平较低。流通股比例 CirShare 均值为 0.711，表明伴随着我国股权分置改革的完成，上市公司的大部分股票得以流通。除此之外，表中主要变量的标准差数值均较低，满足回归分析时的正态性分布假定。

表 5 - 5　　　　　　　　　　变量的描述性统计

variable	均值	标准差	p25	中位数	p75	最小值	最大值
CAR	- 0.004	0.058	- 0.031	- 0.005	0.022	- 0.174	0.186
Div_ability	0.747	0.434	0.000	1.000	1.000	0.000	1.000
Div_expec	0.332	0.471	0.000	0.000	1.000	0.000	1.000
CirShare	0.711	0.292	0.424	0.788	1.000	0.196	1.000
Lnasset	21.821	1.236	20.921	21.625	22.493	19.574	25.925
Lev	0.416	0.226	0.223	0.410	0.592	0.033	0.904
Roe	0.068	0.097	0.032	0.069	0.114	- 0.404	0.303
Cash	0.045	0.068	0.005	0.045	0.086	- 0.147	0.225
Grow	0.105	0.280	- 0.054	0.071	0.218	- 0.549	1.341
Dual	0.256	0.436	0.000	0.000	1.000	0.000	1.000

(二) 股息红利税 "差别化征收" 政策出台后的市场反应

表 5 - 6 以 A 股上市公司为观察样本，以颁布股息红利税 "差别化征收" 政策的当天即 2012 年 11 月 16 日为事件日，观测了（ - 10，+ 10）事件窗口的日平均超额收益率 AAR 及平均累计超额收益率 CAR。表中结果显示，在事件窗口期（ - 10，+ 10）区间，大部分样本公司的平均累计超额收益率 CAR 显著为负；而从事件窗口期的日平均超额收益率来看，在整个事件窗口期总体上样本公司的 AAR 经历了正负交替的过程。同时，在政策颁布前一天及事件当天（ - 1，0）出现了正的日平均超额收益率，且分别在 1% 和 5% 的水平上显著为正，但是市场在整个事件观测窗口（ - 10，+ 10）的平均累计超额收益率为 - 0.373%，且在 10% 的水平上显著。这说明此次我国股息红利税 "差别化征收" 政策的颁布表现出显著的负面反应，由此，假设 5 - 4b 得以证实。

表 5 - 6   **窗口期 AAR 与 CAR**

交易日	样本数（个）	AAR（%）	CAR（%）	T 值
- 10	1 794	- 0.47	- 0.47	- 13.1736***
- 9	1 794	- 0.136	- 0.606	- 9.9134***
- 8	1 794	0.0356	- 0.57	- 8.0042***
- 7	1 794	0.0633	- 0.507	- 6.3806***
- 6	1 794	0.0584	- 0.448	- 4.9743***
- 5	1 794	- 0.057	- 0.505	- 4.9276***
- 4	1 794	- 0.018	- 0.524	- 4.4949***
- 3	1 794	0.1271	- 0.397	- 3.3024***
- 2	1 794	- 0.028	- 0.425	- 3.3826***
- 1	1 794	0.0195	- 0.405	- 3.1007***
0	1 794	0.0774	- 0.328	- 2.3686**
1	1 794	- 0.008	- 0.336	- 2.2712**
2	1 794	0.104	- 0.232	- 1.4746
3	1 794	- 0.079	- 0.31	- 1.9002*
4	1 794	0.0347	- 0.276	- 1.5754
5	1 794	- 0.059	- 0.334	- 1.9102*
6	1 794	- 0.12	- 0.454	- 2.4800**
7	1 794	0.0602	- 0.394	- 2.0180**
8	1 794	0.0748	- 0.319	- 1.5687
9	1 794	0.0784	- 0.241	- 1.1222
10	1 794	- 0.133	- 0.373	- 1.7142*

注：*、**、***分别表示在 10%、5%、1%的水平上显著。

从图 5 - 1 观察窗口期 AAR 以及 CAR 的走势可以看出，整个事件期间 CAR 值呈现倒"U"型分布，且整个事件窗口期平均累计超额收益率 CAR 数值均小于 0。对此我们可能的解释是：第一，市场对此次股息红利税"差别化征收"政策的出台预期过高。在股息红利税"差别化征收"政策出台前，广大投资者以及新闻媒体呼吁减免股息红利税的情绪高涨，而2012年出台的"差别化征收"政策出台后却并未消除股息红利税，由此，该政策的颁布在市场层面会表现出"预期—失望"的反应（杨宝和甘孜露，2017）。换句话说，在股息红利税"差别化政策"发布之前市场会对其有一定程度的预期，而在政策出台后伴随着对政策的详细解读，市场层面却表现得比较失望。第二，该政策的出台有着"复杂"的背景。2008年受美国次贷危机的影响，金融危机在全球漫延，我国资本市场一直处于低迷的状态，在此背景下推出股息红利税"差别化征收"政策与其说是吸引长期投资者，鼓励上市公司现金分红，不如说是资本市场的一种"救市"手段。

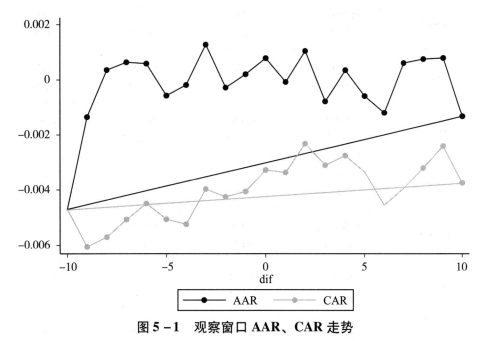

图 5 - 1　观察窗口 AAR、CAR 走势

注：该图纵坐标代表事件窗口日期，事件日当天为0，事件日前一天取值为 - 1，事件日后一天取值为1，纵坐标代表超额收益率。

（三）市场反应的回归分析

为深入研究公司的微观财务特质与市场反应之间的关系，我们主要从上市公司的现金分红能力、分红预期以及流通股比例这几个方面对 CAR 的单变量进行回归分析以及多元回归分析。即对我们所提的对立性假设 5 - 5、假设 5 - 6 以及假设 5 - 7 分别进行了回归分析（见表 5 - 7）。

表5-7　事件窗口（-10，+10）资本市场反应的 CAR 回归结果

variables	(1)	(2)	(3)	(4)
	CAR	CAR	CAR	CAR
Div_ability	-0.002 *** (-3.29)			-0.002 *** (-2.70)
Div_expec		-0.011 *** (-15.05)		-0.011 *** (-14.56)
CirShare			0.001 (1.03)	-0.003 ** (-2.20)
Lnasset	0.003 *** (11.62)	0.004 *** (15.06)	0.003 *** (11.80)	0.004 *** (14.81)
Lev	0.005 *** (4.33)	0.002 *** (2.93)	0.005 *** (4.12)	0.003 *** (3.20)
Roe	-0.003 *** (-6.75)	-0.003 *** (-6.49)	-0.003 *** (-6.70)	-0.003 *** (-6.57)
Cash	-0.057 *** (-12.52)	-0.043 *** (-9.24)	-0.059 *** (-12.99)	-0.041 *** (-8.62)
Grow	0.000 *** (14.56)	0.000 *** (14.94)	0.000 *** (14.83)	0.000 *** (14.75)
Dual	0.000 (0.39)	0.001 (1.22)	0.000 (0.51)	0.001 (0.90)
_cons	-0.065 *** (-11.73)	-0.079 *** (-14.89)	-0.068 *** (-12.69)	-0.077 *** (-14.13)
r2_a	0.013	0.019	0.013	0.020
样本数	1 794	1 794	1 794	1 794

注：**、*** 分别表示在5%、1%的水平上显著，括号内为 t 值。

从表5-7的回归结果可知：

（1）从表5-7中第（1）列的回归结果来看，上市公司现金分红能力 Div_

ability 的回归系数为 - 0.002，且在 1% 的水平上显著为负，这说明分红能力越强的上市公司对股息红利税"差别化征收"政策反应越消极，假设 5 - 5b 得以证实。

（2）从表 5 - 7 中第（2）列的回归结果来看，上市公司现金分红预期 Div_expecd 在单变量回归模型中的回归系数为 - 0.011，且在 1% 的水平上显著，这表明预期分红水平越高的上市公司对股息红利税"差别化征收"政策反应越消极，假设 5 - 6b 得到证实。

（3）上市公司的流通股比例 CirShare 在表 5 - 7 中第（3）列的回归系数为 0.001 但不显著，而在第（4）列的回归系数为 - 0.003，且在 5% 的水平上显著。在单变量回归分析中假设 5 - 7b 未通过检验，而在多元回归分析中假设 5 - 7b 得到验证。因此，我们并未充分证实流通股比例越高的上市公司对股息红利税"差别化征收"政策反应越消极。

此次股息红利税"差别化征收"政策市场普遍反应较为消极其实也不难理解，除股息红利税调整"预期过高"以及政策出台面临的"复杂背景"外，另一个可能的原因是与其他一些国家的股息红利税税率相比，我国的股息红利税税率偏低，这在一定程度上会降低广大投资者对股息红利税调整的"敏感性"。此外，从我国资本市场上投资者结构构成比例来看，资本市场上散户投资者占比较大，他们不太关注股息收入，而主要靠短期操作来赚取收益，这也可能是此次股息红利税政策调整市场反应消极的一个重要原因。

（四）稳健性检验

为了确保研究结论的准确性，我们做了以下稳健性测试：

（1）缩小 CAR 的事件窗口期。选择（ - 5， + 5）的事件窗口区间，重新计算样本公司的 CAR 值。再次进行回归分析，其主要解释变量 Div_ability、Div_expec 的回归结果依然在 1% 的水平上显著为负，CirShare 的回归系数也在 1% 的水平上显著为负，这与多元回归分析中的各变量相关系数保持高度一致（见表 5 - 8）。

（2）将代表公司成长性的营业收入增长率变量替换为托宾 Q 值，再次检验，其主要解释变量的回归结果依然呈现负的显著性，这均与上文研究结果保持一致，即我们的研究结论具备一定的稳定性（见表 5 - 9）。

表 5 - 8 　　　　　（ - 5， + 5）事件窗口期的 CAR 回归结果

variables	(1)	(2)	(3)	(4)
	CAR	CAR	CAR	CAR
Div_ability	- 0.003 *** (- 2.87)			- 0.003 *** (- 2.80)
Div_expec		- 0.003 *** (- 2.94)		- 0.004 *** (- 3.33)
CirShare			- 0.004 ** (- 2.46)	- 0.005 *** (- 2.83)
Lnasset	0.001 *** (3.45)	0.002 *** (4.18)	0.001 *** (3.63)	0.002 *** (4.38)
Lev	- 0.003 (- 1.16)	- 0.004 (- 1.48)	0.001 (0.22)	- 0.002 (- 0.81)
Roe	- 0.085 *** (- 13.94)	- 0.081 *** (- 12.34)	- 0.086 *** (- 14.01)	- 0.080 *** (- 12.27)
Cash	0.014 ** (1.98)	0.014 * (1.94)	0.014 ** (2.01)	0.018 ** (2.53)
Grow	- 0.002 (- 1.17)	- 0.001 (- 0.81)	- 0.002 (- 1.26)	- 0.002 (- 1.37)
Dual	- 0.001 (- 0.60)	- 0.000 (- 0.36)	- 0.001 (- 0.93)	- 0.001 (- 0.66)
_cons	- 0.018 ** (- 2.34)	- 0.026 *** (- 3.38)	- 0.020 *** (- 2.60)	- 0.023 *** (- 2.92)
r2_a	0.033	0.034	0.033	0.035
样本数	1 794	1 794	1 794	1 794

注：* 、** 、*** 分别表示在 10% 、5% 和 1% 的水平上显著，括号内为 t 值。

表 5 - 9　　　　　　　　　　替换变量的稳健性回归结果

variables	(1) CAR	(2) CAR	(3) CAR	(4) CAR
Div_ability	-0.003*** (-2.70)			-0.003*** (-2.64)
Div_expec		-0.003*** (-2.73)		-0.003*** (-3.03)
CirShare			-0.003* (-1.77)	-0.004** (-2.11)
Lnasset	-0.000 (-1.05)	-0.000 (-0.29)	-0.000 (-0.88)	-0.000 (-0.05)
Lev	-0.006** (-2.13)	-0.006** (-2.34)	-0.003 (-1.14)	-0.005** (-1.97)
Roe	-0.075*** (-12.29)	-0.070*** (-10.82)	-0.075*** (-12.29)	-0.070*** (-10.85)
Cash	0.016** (2.27)	0.015** (2.22)	0.016** (2.23)	0.019*** (2.72)
TobinsQ	-0.004*** (-5.66)	-0.004*** (-5.70)	-0.004*** (-5.69)	-0.004*** (-5.61)
Dual	-0.000 (-0.01)	0.000 (0.21)	-0.000 (-0.26)	-0.000 (-0.02)
_cons	0.025*** (2.70)	0.017* (1.83)	0.023** (2.48)	0.019** (2.05)
r2_a	0.048	0.048	0.048	0.049
样本数	1 794	1 794	1 794	1 794

注：*、**、***分别表示在10%、5%和1%的水平上显著，括号内为t值。

五、结论与启示

本章以财政部、国家税务总局以及证监会 2012 年 11 月 16 日联合颁布的股息红利税"差别化征收"政策为背景，运用事件研究法考察了此次股息红利税调整所带来的市场反应，以期为未来我国股息红利税的进一步改革提供经验证据。基于（-10，+10）的事件窗口区间，通过对 CAR 值的深入研究发现，总体来讲资本市场对股息红利税"差别化征收"政策的反应较为消极，整个事件窗口期累计超额收益率 CAR 显著为负。这可能与政策出台之前市场的"过度预期"、资本市场上投资者结构比例构成以及当时的经济背景有关。

此外，我们通过对事件窗口期的累计超额收益率进行单变量以及多变量的回归分析发现，派现能力强、分红预期高以及流通股比例高的上市公司均对此次股息红利税"差别化征收"政策反应较为消极，这再一次表明，此次股息红利税税制改革并未收到预期的效果，这也为将来我国股息红利税的进一步改革提供了很好的经验借鉴。

同时，以股息红利税"差别化征收"政策为背景，本章深入考察了我国股息红利税的调整对公司现金分红所产生的影响，以及针对不同财务特质的公司所产生的市场反应。研究结果表明：（1）2013 年股息红利税"差别化征收"政策对现金分红政策影响较为积极，有潜在融资需求的上市公司对其做出了理性的回应，该类公司并不会因为股息红利税的"差别化征收"而提高公司的现金分红水平。（2）资本市场对 2012 年股息红利税"差别化征收"政策反应经历了从"期望"到"失望"的过程。现金分红预期越高、分红能力越强的上市公司对股息红利税"差别化征收"政策反应越消极；此外，流通股比例越高的上市公司市场反应越消极。这一研究结论似乎让人难以理解，对此，我们认为，（1）此次股息红利税"差别化征收"政策的调整力度低于预期。广大投资者及新闻媒体都呼吁减免股息红利税，本次的政策调整力度没有达到预期。（2）我国资本市场投资者结构决定了此次股息红利税调整很难取得积极效果。因为，我国资本市场上散户投资者占比较大，他们持股时间短，偏好短期操作，而此次政策调整对于持股短于 1 个月的投资者征收 20% 的股息红利税率带有一定的惩罚性质，增加了股息红利税负。我们建议应当进一步加大我国股息红利税改革力度，让其真正实现鼓励资本市场长期投资、增加投资者收益并最终达到政府让利于民的目的。

第六章
高管激励对股利政策的影响

一直以来，上市公司高管激励与股利分配政策一直受到投资者、监管部门以及社会公众的密切关注。现代上市公司普遍实行所有权、管理权两权分离，这种委托代理关系会产生代理成本，从而引致股东和经理人之间以及股东和债权人之间两类利益冲突的产生（常亚波，2015）。企业经营者与企业所有者的风险偏好差异使得管理层的决策行为并非基于企业所有者利益，从而影响企业绩效（李小荣和张瑞君，2014）。因此，管理层需要激励约束机制避免因其风险规避而导致企业绩效损失。通过实施管理层激励计划来降低管理者和股东之间的利益冲突，较为常见的激励方式有货币薪酬激励、股权激励等（张文婷，2018）。詹森和麦克林（Jensen and Meckling，1976）认为，高管激励措施是缓解委托人和代理人之间利益冲突的重要因素，高管激励机制可以使高管与股东利益趋于一致，从而激励公司管理层努力生产经营，提高企业绩效，增加股东财富。常亚波（2015）认为，股利分配政策和股价上涨是股东财富增加的重要体现。

虽然高管激励机制能够有效缓解上市公司中存在的委托代理问题，降低代理成本，但是我国上市公司管理者与股东在股利分配政策中所存在的利益冲突与博弈等问题仍未得到彻底解决（胡国柳等，2012），加上外部市场监管的缺失与内部治理的不完善给了一些企业高管实施盈余管理的空隙，进而影响公司高管薪酬及分红水平，出现上市公司高管薪酬发放水平畸高，股东分红水平低（李常青等，2010），且不同行业之间高管薪酬差异大等现象。基于此背景，为了健全企业高管薪酬激励与约束政策，完善上市公司激励机制的设计，财政部于 2009 年 1 月下发了《关于金融类国有和国有控股企业负责人薪酬管理有关问题的通知》；2014 年 8 月中共中央政治局又审议通过了《中央管理企业负责人薪酬制度改革方案》与《关于合理确定并严格规范中央企业负责人履职待遇、业务支出的意见》。股权激励政策方面，证监会于 2005 年出台《上市公司股票期权激励管理办法（试行）》，标志着我国股权激励的开始；2006 年 9 月，国资委颁布《国有控股上市公司（境内）实施股权激励试行办法》，预示着国有企业开始实施股权激励计划。

与此同时，为了规范上市公司恶意不分红、超能力派现、现金股利分配政策的稳定性和连续性差的行为，证监会分别于 2001 年、2004 年、2006 年、2008 年陆续出台了系列上市公司再融资与现金分红的相关规定。特别是 2008 年的《关于修改上市公司现金分红若干规定的决定》将上市公司再融资的现金分红比例提高到了 30%。2012 年 5 月，证监会颁发了《关于进一步落实上市公司现金分红有关事项的通知》，再次强调了现金分红信息披露等问题。杨俊等（2015）研究表明，上述一系列"半强制分红政策"对上市公司的高管激励和现金股利政策有所影响。出台"半强制分红政策"在一定程度上限制了高管过度的在职消费和盲目投资，较高的现金股利水平也促使高管努力工作，提高工作效率，以获取更多的利润和现金流来保持现金股利支付水平。

　　但是，高管激励与股利分配政策之间到底存在什么样的影响关系？高管薪酬激励、高管股权激励对股利分配政策究竟起到了促进作用还是阻碍作用？如何利用两者之间的关系合理设计高管激励政策与分红机制此类问题却少有人探究。本章利用 2004~2018 年沪深两市 A 股上市公司样本数据，对我国上市公司高管激励与现金分红之间的关系及其敏感性联系进行了实证研究，可能的贡献如下：（1）厘清了高管激励与股利分配政策之间的影响关系；（2）深入理解了股利分配政策，丰富、拓展了委托代理理论；（3）为企业设计合理的"激励—分红"机制拓展了思路。研究结论显示，高管激励对股利分配政策具有一定的促进作用，但是激励约束与分红优化机制有待进一步完善。

第一节　理论分析与假设提出

一、高管货币薪酬激励与股利政策

　　高管薪酬是现代企业基于"委托—代理"关系建立起来的一种契约制度，是公司所有者用来吸引、激励经营者最重要的工具之一，而高管货币薪酬则是最直观、最"显性"的高管薪酬形式。高管薪酬制定的主要依据是企业绩效和委托人（即公司所有者）对高管（即公司经营者）能力的信任程度（夏宁和刘淑贤，2014）。同时，股利政策也是公司管理者对所有者的一种回报，通常体现在企业收益上，换言之，高管薪酬与股利政策两者的测度依据均来自企业的业绩。另外，公司高管在进行投融资决策时，往往会受到各方因素的影响，还会因为权衡风险和收益时不同的考量依据，而做出不同的投融资以及股利政策决策。在公司激励机制的框架之下，高管通过干预公司的筹资、投资和股利政策等决策，利用其权力影响公司的运营和管理（常亚波和沈志渔，2016）。由此，一些学者发现在高管薪酬与股利政策之间存在着相互影响的关系。勒韦伦（Lewellen，1987）等研究发现，股利支付与高管报酬中薪资和奖金的占比之间存在正相关关系。蒂罗尔（Tirole，2010）认为，股利政策取决于企业薪酬计划能否与股东现在或将来的福利相匹配。常亚波（2015）发现高管薪酬激励水平越高，就越能推动高管发挥其能力提升公司业绩，创造更多的盈利，从而提高公司的股利支付水平，达到回报股东的目的。吕长江和周县华（2005）也印证了公司现金分红与高管薪酬具有正相关关系。刘淑贤（2013）将高管薪酬进行细化，得出企业现金分红与高管的显性薪酬之间存在正相关关系的结论。薛文博（2015）在考虑企业产权性质的情况下得出了相同的结论，即国有企业高管薪酬与分红呈正相关。综合上述文献及分析，一定情况下，高管薪酬激励水平的提高有利于推动其进行股利政策，从而降低委托代理成本，使股东财富得以增加。基于此，我们提出以下假设：

假设 6 - 1：上市公司高管货币薪酬激励水平越高，其现金分红比率和现金分红水平越高。

二、高管股权激励与股利政策

20 世纪 90 年代，股权激励由于其凸性支付结构被广泛应用于管理层激励（Hayes et al.，2010）。已有文献表明公司现金股利的发放会影响股东与管理者之间的代理问题（刘爱明和周娟，2018），更大的股权补偿可能有助于使董事的利益与股东的利益保持一致，这些研究结果进一步引发了学界和实务界有关高管持股与现金股利之间关系的探讨。夏尔马（Sharma，2011）使用美国

2006 年 944 家上市公司的数据来验证公司支付股息的倾向与股权激励的相关性，其认为股权激励水平越高，越可能导致高管缩减或不启动派息。詹森（Jensen，1986）等认为现金股利和高管持股均能缓解委托代理产生的利益冲突，因此两者之间存在着"替代效应"。阿格拉瓦尔和贾亚拉曼（Agrawal and Jayaraman，1994）通过对无负债公司的研究也证实了管理者持股与股利政策之间的替代机制，其研究发现在样本公司中，管理者持股比例越高的公司，股利支付率越低。阿布迪和卡兹尼克（Aboody and Kasznik，2008）研究证明，拥有大量股权激励的公司的股息支付较低。胡和库马尔（Hu and Kumar，2004）基于管理层防御的视角探讨了管理层激励与现金分红之间的关系，发现管理层持股与现金分红呈负相关关系。法玛和弗兰茨（Fama and French，2001）提出，高管持股的增加可能会降低股息支付的收益，以此缓解管理层与股东之间的代理问题。

但是，也有学者得出相反的结论。芬恩和梁（Fenn and Liang，2001）研究发现，管理层持股比例与股利支付呈正相关关系，高管持股作为缓解公司代理的一种手段，能够提高现金分红，这种关系在管理者持股数量少、投资机会少或者自由现金流量高（代理成本高）的公司中尤为显著。利耶布鲁姆和帕斯特纳克（Liljeblom and Pasternack，2006）对芬兰上市公司数据进行研究，结果发现对股权激励计划进行了股利保护的样本公司的股权激励计划使用与现金股利政策之间显著正相关。刘爱明和周娟（2018）基于差别化股利税政策进行实证研究，结果表明高管持股比例越高，现金分红水平越高，且代理问题严重的公司该影响关系更显著。虽然管理层持股对上市公司增加现金分红的意愿和力度起到了促进作用，但只有在持股水平较高的上市公司才能有效发挥其缓解代理问题的作用（董艳和李凤，2001）。综合以上分析，我们提出以下假设：

假设 6-2：上市公司高管股权激励水平越高，其现金分红比率和现金分红水平越高。

第二节　实证研究与讨论

一、样本选择及数据来源

本节使用的高管薪酬、高管持股与股利政策及相关控制指标均来自 CSMAR 数据库，选取我国 2004 ~ 2018 年上市公司为样本①，对其相关数据进行统计分析。为了研究需要，对样本进行了如下筛选：（1）剔除重要变量数据缺失的公司；（2）剔除金融、保险类公司；（3）剔除 ST、PT 类上市公司。在进行样本筛选后，最终得到的观测值为 16 952 个。数据处理与分析使用了 Excel 2016 和 Stata 15.0，其中基本数据处理和整理使用了 Excel，描述性统计及回归分析则主要采用 Stata 软件。

二、模型设计与变量定义

针对上文提出的研究假设，鉴于我国上市公司存在"不分红"即 payout、DPS = 0 的情况，借鉴杨宝（2013），我们对主要解释变量取自然对数，以此考察高管货币薪酬、高管持股与股利政策之间的敏感性关系。分别构造如下 Tobit 模型进行回归分析：

模型（6.1）：高管货币薪酬、高管股权激励对公司现金分红比率敏感性模型：

$$\text{Tobit}(\text{payout}) = \alpha_0 + \alpha_1 \ln(\text{Twage}) + \alpha_2 \ln(\text{holding}) + \alpha_3 \ln(\text{Twage}) \times \ln(\text{holding})$$
$$+ \alpha_4 \text{legalshare} + \alpha_5 \text{lev} + \alpha_6 \text{roe} + \alpha_7 \text{pe}$$

---

① 由于我国上市公司高管薪酬信息披露从 2001 年后逐渐规范，鉴于信息披露规范的滞后性，选取滞后两期的 2004 年数据作为样本区间起点，预期对本章研究无影响。

$$+ \alpha_8 \ln(\text{TA}) + \sum \alpha_i \text{year}_i + \sum \alpha_i \text{Ind}_i \qquad (6.1)$$

模型（6.2）：高管货币薪酬、高管股权激励对公司现金分红水平敏感性模型：

$$\text{Tobit}(\text{DPS}) = \alpha_0 + \alpha_1 \ln(\text{Twage}) + \alpha_2 \ln(\text{holding}) + \alpha_3 \ln(\text{Twage}) \times \ln(\text{holding})$$

$$+ \alpha_4 \text{legalshare} + \alpha_5 \text{lev} + \alpha_6 \text{roe} + \alpha_7 \text{pe}$$

$$+ \alpha_8 \ln(\text{TA}) + \sum \alpha_i \text{year}_i + \sum \alpha_i \text{Ind}_i \qquad (6.2)$$

其中，选取"董事、监事及高管前三名薪酬总额"（Twage）作为高管货币薪酬的衡量指标；"高管持股数量"（holding）作为高管持股的衡量指标；而股利政策则参照杨宝（2013），分别选取股利支付率（payout）和每股股利（DPS）测度股利政策比率与分红水平。选取沪深两市 2004～2018 年所有 A 股上市公司作为初始样本。为了控制极端值的影响，对 payout，Twage 和 holding 三个主要指标 1% 水平的极端值进行了 winsorize 处理。

借鉴薛文博（2015）和常亚波、沈志渔（2016）的变量设置，选取了公司法人股比例（legalshare）、资产负债率（lev）、净资产收益率（roe）、公司总资产（TA）、市盈率（pe）以及年度与行业虚拟变量 year$_i$、Ind$_i$ 作为我们的控制变量，其中参照前人研究，将衡量公司规模的总资产 TA 取自然对数。

三、实证分析

（一）描述性统计分析

主要变量描述性统计结果如表 6-1 所示。从 Panel A 可知，2004～2018 年，样本公司股利支付率的均值为 0.3001，大于中位数 0.2430，其最大值为 1.7971，但最小值低至 0，说明我国上市公司现金股利支付率偏低且差异大；从每股股息来看，最大值高达 11，最小值为 0，中位数 0.1000 低于均值 0.1439，同样表明了我国上市公司现金分红水平较低且波动性大的特征，两者均印证了我国上市公司"零分红"或"超能力派现"的现象。董事、监事及高管前三名薪酬总额均值为 2 182 708 元，高于中位数 1 607 900 元，说明高管薪酬总体偏高，其最小值为 245 500 元，但最大值高至 12 900 000 元，反映出我国上市公司高管薪酬差异显著。同时，高管持股也呈现出与高管薪酬相同的特征。

表 6 - 1　　　　　　　　　　　描述性统计结果

Panel A　全样本

变量	观测值	均值	标准差	中位数	最小值	最大值
payout	16 952	0. 3002	0. 3001	0. 2430	0. 0000	1. 7971
DPS	16 952	0. 1439	0. 2308	0. 1000	0. 0000	10. 9990
Twage	16 952	2 182 708	2 016 861	1 607 900	245 500	12 900 000
holding	16 952	33 000 000	67 500 000	3 718 069	1 000	404 000 000
lnTwage	16 952	14. 3046	0. 7701	14. 2904	10. 7144	18. 7713
lnholding	16 952	14. 3890	3. 4669	15. 1287	0. 0000	21. 2987
legalshare	16 952	0. 1025	0. 1800	0. 0000	0. 0000	0. 9000
lev	16 952	0. 4039	0. 2062	0. 3972	0. 0071	0. 9801
roe	16 952	0. 0934	0. 1160	0. 0808	- 0. 0980	8. 9348
lnTA	16 952	21. 9671	1. 3394	21. 7533	15. 7294	30. 8148
pe	16 952	92. 6170	632. 8418	39. 5681	0. 6483	52 681. 76

Panel B　国有上市公司

变量	观测值	均值	标准差	中位数	最小值	最大值
payout	5 686	0. 2701	0. 2862	0. 2302	0. 0000	1. 7971
DPS	5 686	0. 1278	0. 2398	0. 0700	0. 0000	10. 9990
Twage	5 686	2 241 881	2 149 620	1 639 100	245 500	12 900 000
holding	5 686	3 116 585	15 800 000	64 908	1 000	404 000 000
lnTwage	5 686	14. 2872	0. 8418	14. 3097	10. 7144	17. 4622
lnholding	5 686	11. 4111	2. 6821	11. 0807	2. 4849	19. 9657
legalshare	5 686	0. 0403	0. 1003	0. 0000	0. 0000	0. 8484
lev	5 686	0. 5003	0. 1947	0. 5117	0. 0103	0. 9734
roe	5 686	0. 0913	0. 0775	0. 0778	- 0. 0980	1. 8766
lnTA	5 686	22. 5712	1. 5178	22. 3299	18. 4747	30. 8148
pe	5 686	81. 4457	243. 3955	32. 5580	1. 2057	11 413. 39

续表

Panel C　非国有上市公司

变量	观测值	均值	标准差	中位数	最小值	最大值
payout	11 266	0.3155	0.3058	0.2476	0.0000	1.7971
DPS	11 266	0.1521	0.2258	0.1000	0.0000	10.0000
Twage	11 266	2 152 843	1 945 838	1 596 550	245 500	12 900 000
holding	11 266	48 000 000	77 900 000	15 900 000	1 000	404 000 000
lnTwage	11 266	14.3133	0.7311	14.2834	11.1419	18.7713
lnholding	11 266	15.8919	2.7786	16.5818	0.0000	21.2987
legalshare	11 266	0.1340	0.2018	0.0178	0.0000	0.9000
lev	11 266	0.3553	0.1944	0.3357	0.0071	0.9801
roe	11 266	0.0944	0.1312	0.0820	-0.0406	8.9348
lnTA	11 266	21.6622	1.1223	21.5172	15.7294	29.5972
pe	11 266	98.2551	756.7321	42.5716	0.6483	52 681.76

　　进一步将上市公司按照股权性质划分为国有上市公司和非国有上市公司进行描述性统计,其中国有上市公司观测值有5 686个,占总样本的33.5%;非国有上市公司观测值有11 266个,占总样本的66.5%。从Panel B可以看出,虽然国有上市公司高管薪酬均值略高于非国有上市公司,但是非国有上市公司高管薪酬的最大值和最小值与国有上市公司高管薪酬持平,由此可知非国有上市公司薪资水平要略高于国有上市公司。从现金分红来看,无论是国有上市公司还是非国有上市公司,股利支付率均值都远大于其中位数,说明国有上市公司与非国有上市公司现金分红水平均偏低。

(二) 相关性分析

　　从表6-2中可以看出主要变量之间的相关系数,其中payout与lnTwage、lnholding关系在1%的水平上显著,说明高管薪酬激励与高管股权激励对现金分红比例存在显著影响,但其稳定性有待进一步检验。同时,DPS与lnTwage、lnholding也在1%的水平上显著相关,说明高管激励对现金分红水平也存在显著影响。另外，其他控制变量与主要变量之间全部存在相关关系，其中股权结构（legalshare）与现金分红（payout、DPS）显著正相关；而财务杠杆（lev）、企业规模（lnTA）与净资产收益率（roe）则与现金分红呈负相关关系，即资产负债率和净资产收益率越高、规模越大的企业现金分红水平越低。

表 6 - 2　　　　　　　　　　　**pearson 相关系数**

variables	payout	DPS	lnTwage	lnholding	legalshare	lev	roe	pe	lnTA
payout	1								
DPS	0. 383 ***	1							
lnTwage	0. 055 ***	0. 212 ***	1						
lnholding	0. 115 ***	0. 103 ***	0. 145 ***	1					
legalshare	0. 030 ***	0. 083 ***	- 0. 056 ***	0. 047 ***	1				
lev	- 0. 201 ***	- 0. 144 ***	0. 147 ***	- 0. 337 ***	- 0. 103 ***	1			
roe	- 0. 050 ***	0. 212 ***	0. 124 ***	0. 005	0. 050 ***	0. 075 ***	1		
pe	0. 061 ***	- 0. 053 ***	- 0. 046 ***	- 0. 011	- 0. 016 **	- 0. 017 **	- 0. 061 ***	1	
lnTA	- 0. 054 ***	0. 113 ***	0. 499 ***	- 0. 185 ***	- 0. 135 ***	0. 568 ***	0. 061 ***	- 0. 049 ***	1

注：**、*** 分别表示在 5%、1% 的水平上显著。

（三）TOBIT 回归分析

由表 6 - 3 可见，全样本、非国有上市公司和国有上市公司回归结果总体趋势一致。lnTwage、lnholding 与 payout 回归系数均为正数且在 1% 的水平上显著，说明高管货币薪酬激励和高管股权激励均与现金分红比例显著正相关，即高管激励程度越高，公司现金分红比率越高，验证了假设 6 - 1。若不考虑交乘项，从回归系数来看，非国有上市公司高管货币薪酬激励对股利支付率的影响略高于国有上市公司，国有上市公司与非国有上市公司高管股权激励对股利支付率的系数相同。若考虑交乘项，非国有上市公司高管持股对分红比率的影响系数略高于国有上市公司。总体而言，非国有上市公司高管激励对现金分红比率的影响要大于国有上市公司。

表6-3 高管激励与现金分红比率（payout）回归结果

变量	全样本		国有上市公司		非国有上市公司	
	（1）	（2）	（3）	（4）	（5）	（6）
lnTwage	0.0454 ***	0.152 ***	0.0495 ***	0.176 ***	0.0487 ***	0.156 ***
	（0.00394）	（0.0137）	（0.00700）	（0.0235）	（0.00490）	（0.0204）
lnholding	0.00865 ***	0.116 ***	0.0100 ***	0.168 ***	0.00978 ***	0.109 ***
	（0.000779）	（0.0132）	（0.00167）	（0.0280）	（0.00110）	（0.0183）
lnTwage × lnholding		-0.00748 ***		-0.0109 ***		-0.00690 ***
		（0.000917）		（0.00192）		（0.00128）
legalshare	0.0375 ***	0.0370 ***	-0.144 ***	-0.152 ***	0.0676 ***	0.0704 ***
	（0.0131）	（0.0130）	（0.0441）	（0.0441）	（0.0143）	（0.0143）
lev	-0.432 ***	-0.426 ***	-0.475 ***	-0.470 ***	-0.383 ***	-0.379 ***
	（0.0147）	（0.0148）	（0.0254）	（0.0254）	（0.0184）	（0.0184）
pe	-0.0952 ***	-0.0994 ***	-0.0648	-0.0603	-0.121 ***	-0.126 ***
	（0.0344）	（0.0347）	（0.0607）	（0.0608）	（0.0434）	（0.0438）
roe	6.99e-06 *	7.37e-06 *	-2.57e-05	-1.73e-05	8.82e-06 **	8.90e-06 **
	0.0000	（4.03e-06）	（2.02e-05）	（1.99e-05）	（4.11e-06）	（4.12e-06）
lnTA	0.0260 ***	0.0259 ***	0.0376 ***	0.0391 ***	0.00822 **	0.00814 **
	（0.00250）	（0.00250）	（0.00376）	（0.00377）	（0.00358）	（0.00357）
_cons	-0.597 ***	-2.096 ***	-0.868 ***	-2.740 ***	-0.398	-1.924 ***
	（0.156）	（0.241）	（0.195）	（0.384）	（0.298）	（0.410）
Observations	16 952	16 952	5 686	5 686	11 266	11 266
year	控制	控制	控制	控制	控制	控制
Ind	控制	控制	控制	控制	控制	控制

注：*、**、*** 分别表示在10%、5%和1%的水平上显著。

从交乘项回归系数来看，无论是全样本还是国有上市公司、非国有上市公司，lnTwage × lnholding 与现金分红比率 payout 的相关系数均在1%的水平上显著为负（-0.00748、-0.0109、-0.0069），说明随着高管薪酬激励（股权激励）

水平的上升，高管股权激励（薪酬激励）对现金分红影响的敏感性在减弱，即高管薪酬激励和高管股权激励对现金分红比率的影响具有"替代效应"。非国有上市公司系数的绝对值要大于国有上市公司，说明非国有上市公司敏感性强于国有上市公司。

从控制变量回归系数来看，除了衡量公司盈利能力的净资产收益率（roe）影响略弱，其他控制变量对主要变量均具有较强影响：法人股比例 legalshare 在不同股权性质下，对现金分红影响有着明显区别，在全样本和非国有上市公司中回归系数均为正（0.0375 和 0.0676）且在 1% 的水平上显著，即法人股比例越高，现金分红比率越高；而在国有上市公司中回归系数却在 1% 的水平上显著为负，说明法人股比例越高，现金分红水平反而越低。资产负债率、市盈率与分红比率回归系数均为负，说明资产负债率、市盈率越高的上市公司现金分红比例越低。净资产收益率回归系数在全样本和非国有上市公司样本中为正，且分别在 10% 和 5% 的水平上显著，说明现金分红随公司盈利略有增加，但是国有上市公司样本中，回归系数为负且不显著，说明公司业绩并不能决定现金分红比率。而公司规模系数均为正，即公司规模越大，分红比率越高，且该影响在国有上市公司要大于在非国有上市公司。

表 6 - 4 报告了高管激励对现金分红水平（DPS）影响的回归结果。同表 6 - 3，全样本、非国有上市公司样本以及国有上市公司样本回归结果大致趋势相同。高管货币薪酬激励、高管股权激励与分红水平显著正相关，说明高管激励越强，现金分红水平越高，印证了假设 6 - 2。其中非国有上市公司高管货币薪酬、高管持股的回归系数（0.0550，0.00737）要大于国有上市公司（0.0457，0.00424），即非国有上市公司高管激励对分红水平的影响要大于国有上市公司。

表 6 - 4   高管激励与现金分红水平（DPS）回归结果

变量	全样本		国有上市公司		非国有上市公司	
	（1）	（2）	（3）	（4）	（5）	（6）
lnTwage	0.0533 *** (0.00243)	0.127 *** (0.00875)	0.0457 *** (0.00375)	0.0851 *** (0.0129)	0.0550 *** (0.00314)	0.130 *** (0.0135)
lnholding	0.00628 *** (0.000489)	0.0801 *** (0.00841)	0.00424 *** (0.000887)	0.0532 *** (0.0153)	0.00737 *** (0.000722)	0.0771 *** (0.0121)

续表

变量	全样本		国有上市公司		非国有上市公司	
	(1)	(2)	(3)	(4)	(5)	(6)
lnTwage ×lnholding		−0.00515*** (0.000585)		−0.00336*** (0.00105)		−0.00486*** (0.000845)
legalshare	0.106*** (0.00814)	0.106*** (0.00814)	−0.0300 (0.0236)	−0.0327 (0.0237)	0.131*** (0.00931)	0.133*** (0.00931)
lev	−0.381*** (0.00930)	−0.377*** (0.00931)	−0.335*** (0.0136)	−0.333*** (0.0136)	−0.376*** (0.0121)	−0.374*** (0.0121)
pe	0.386*** (0.0125)	0.389*** (0.0125)	0.962*** (0.0305)	0.965*** (0.0305)	0.289*** (0.0139)	0.293*** (0.0140)
roe	−1.56e−05*** (2.39e−06)	−1.54e−05*** (2.39e−06)	−0.00012*** (1.67e−05)	−0.00011*** (1.67e−05)	−1.24e−05*** (2.49e−06)	−1.24e−05*** (2.49e−06)
lnTA	0.0428*** (0.00157)	0.0427*** (0.00157)	0.0411*** (0.00201)	0.0416*** (0.00202)	0.0339*** (0.00234)	0.0339*** (0.00234)
_cons	−1.362*** (0.0973)	−2.400*** (0.153)	−1.238*** (0.103)	−1.822*** (0.209)	−1.383*** (0.194)	−2.458*** (0.269)
Observations	16 952	16 952	5 686	5 686	11 266	11 266
year	控制	控制	控制	控制	控制	控制
Ind	控制	控制	控制	控制	控制	控制

注：***表示在1%的水平上显著。

由交乘项 lnTwage×lnholding 回归系数可知，高管货币薪酬激励与高管股权激励对分红水平的影响具有"替代效应"，即高管货币薪酬的增加会降低高管股权激励对现金分红水平影响的敏感性，反之亦然。且非国有上市公司系数的绝对值高于国有上市公司，说明非国有上市公司高管货币薪酬（高管持股）对分红水平影响的敏感性要高于国有上市公司。

从控制变量的回归系数来看，非国有上市公司法人股比例系数与全样本一致，均在1%的水平上显著为正，说明法人股比例越高，分红水平越高；但是国有上市公司法人股比例的系数却为负数，即在国有上市公司中法人股比例越高，现金分红水平反而降低。资产负债率和净资产收益率对现金分红水平具有显著负相关关系，市盈率和公司规模则与之相反，说明资产负债率和净资产收益率越高的公司，其分红水平反而越低；市盈率和公司规模越大，现金分红水平越高。

综上所述，无论是全样本还是不同股权性质样本，我国上市公司高管激励与现金分红之间均存在显著相关关系，体现在高管激励越强，现金分红比率和水平越高，且高管薪酬与高管持股对现金分红的影响具有"替代效应"，原因可能在于高薪酬、高持股所带来的外部"愤怒成本"的压力，迫使公司高管提高分红比率去迎合外部投资者的利益；不同股权性质的企业，实施的财务政策存在差异，高管报酬的决定机制也略有不同，非国有上市公司高管薪酬市场化定价的程度和灵活性较国有上市公司偏高；而少数国有上市公司则存在内部管理人员自定薪酬的现象，从而形成激励过度，使得高管激励机制失效（杨俊等，2015），因此，从回归结果来看，国有上市公司与非国有上市公司回归系数略有差异，主要表现在非国有上市公司影响力度要略大于国有上市公司。

（四）稳健性检验

为了进一步确保研究结论的可靠性与稳定性，我们进行了以下稳健性检验：

首先，借鉴刘爱明和周娟（2018）与杨宝（2013），本章引入 Probit 模型，进一步检验高管激励对公司现金分红意愿的影响，建立以下模型：

$$
\begin{aligned}
Probit(DIV) = {} & \alpha_0 + \alpha_1 \ln(Twage) + \alpha_2 \ln(holding) + \alpha_3 \ln(Twage) \times \ln(holding) \\
& + \alpha_4 legalshare + \alpha_5 lev + \alpha_6 ROA + \alpha_7 ps \\
& + \alpha_8 \ln(TA) + \sum \alpha_i year_i + \sum \alpha_i Ind_i
\end{aligned} \tag{6.3}
$$

其中，因变量为现金股利支付意愿（DIV），即该年度上市公司现金分红取1，未分红则取0，其他变量保持一致。

其次，替换部分控制变量指标，将净资产收益率（roe）替换为总资产收益率（ROA），市盈率（pe）替换为市销率（ps），结果如表6-5所示。从稳健性结果可以看出，高管货币薪酬激励和高管股权激励对公司现金股利支付意愿存在显著正相关关系，与上文研究结论一致；交乘项系数显著，说明高管薪酬激励与股权激励对股利支付意愿的影响存在替代效应，也同上文一致。由该表第（2）列和第（3）列可知，控制变量的调整并没有改变回归结果，均与上文回归结论一致，因此，本章研究结论具有稳健性且总体显著。

表 6 - 5 稳健性检验结果

variables	(1) Probit（DIV）	(2) Tobit（payout）	(3) Tobit（DPS）
lnTwage	0.466 *** (0.0524)	0.0989 *** (0.0105)	0.0596 *** (0.00592)
lnholding	0.316 *** (0.0522)	0.0603 *** (0.00978)	0.0242 *** (0.00551)
lnTwage × lnholding	-0.0171 *** (0.00364)	-0.00357 *** (0.000671)	-0.00139 *** (0.000378)
legalshare	0.0560 (0.0743)	0.0166 (0.0148)	0.0532 *** (0.00824)
lev	-1.987 *** (0.0801)	-0.484 *** (0.0170)	-0.221 *** (0.00939)
ROA	0.729 *** (0.0769)	-0.214 *** (0.0575)	1.410 *** (0.0281)
ps	-0.0130 *** (0.00156)	-0.00356 *** (0.000380)	-0.00218 *** (0.000221)
lnTA	0.256 *** (0.0141)	0.0271 *** (0.00263)	0.0428 *** (0.00147)
Constant	-11.50 *** (0.756)	-1.362 *** (0.213)	-1.576 *** (0.119)
year	控制	控制	控制
Ind	控制	控制	控制

注：*** 表示在1%的水平上显著。

四、研究结论

公司高管激励与股利分配政策是近年来业界关注的热门话题，现有研究大多集中于研究高管激励包括薪酬激励和股权激励对企业绩效的影响（夏宁和刘淑贤，2014；高磊，2018），将公司高管激励与股利分配政策相结合的研究较为缺乏。我国上市公司普遍存在"高管高薪酬、低现金分红"的现象，未能形成"报酬—分红"的合理配比。

本章运用实证研究方法，采用沪深两市 2004～2018 年上市公司样本数据，系统深入研究了高管激励包括薪酬激励和股权激励对现金分红比率、现金分红水平的影响。实证结果表明：（1）从全样本来看，高管激励包括货币薪酬激励和高管股权激励与现金分红比率、现金分红水平显著正相关，高管激励包括货币薪酬激励和高管股权激励对现金分红的影响具有"替代效应"。（2）考虑产权性质，国有上市公司与非国有上市公司主要变量的回归结果趋势与全样本一致，公司高管激励对现金分红的影响在非国有上市公司中更为突出。（3）我国上市公司现金分红水平受高管薪酬的影响较大，可能原因在于高管高薪酬所带来的外部"愤怒成本"压力迫使高管提高现金分红水平。（4）无论从理论分析还是实证结果来看，现金分红水平与企业盈利水平显著正相关，说明公司的盈利水平是上市公司现金分红的重要依据。在稳健性检验中，进一步验证了高管薪酬激励、股权激励对股利支付意愿的影响，结果表明两者均对股利支付意愿具有显著正向影响。所以，厘清公司高管激励与股利政策之间的关系有助于丰富委托代理理论，优化高管薪酬、高管持股与现金分红的结构，协调管理者与投资者之间的利益冲突，完善企业的激励机制与约束机制。

第七章
控股股东代理问题对
股利政策的影响

本章以股权分置改革为研究背景，探索全流通时代下控股股东对公司现金分红的偏好特征及其变迁，以提供关于现金股利政策中控股股东"治理角色"的经验证据。国外的相关研究结论支持将现金分红作为保护中小股东利益的机制，国内的研究与此存在差异，我国上市公司现金分红的研究结论倾向于支持过多现金分红带来的控股股东掏空行为，诸如通过资金占用、关联交易、股利分红等方式予以实现的有损中小股东利益的自利行为。追根溯源，产生差异的原因主要来自股权分置改革前控股股东非流通股不能转让交易，致使现金分红逐步演变成为控股股东收益的重要来源，所以，在股权分置改革前，控股股东的控制权利益会通过干预公司现金分红政策来予以最大化。2006 年我国进行了股权分置改革，使得上市公司控股股东手中的非流通股得以逐渐解禁及减持，进而可以通过出售转让实现资本利得收益。随着全流通时代的到来，现金分红政策不再成为控股股东实现其控制权收益的重要手段，且一定程度上可能会让其自身利益与公司利益相捆绑，做大做强公司利益基础，实现理性分红政策，在保护中小投资者利益的同时最大化自身收益。

本章拟以 2007～2018 年沪深 A 股上市公司为样本，结合相关分红数据及财务数据探索随着全流通时代的推进，我国上市公司现金分红是否更加理性，进而与公司成长周期中的自由资金储备需求相匹配？与此同时，本章也进一步探索控股股东在全流通时代对股利分配政策影响的价值效应是否更为积极，进而实现与中小股东利益相一致，不断做大公司价值基础，实现更高价值增量的分红政策？这些问题对于进一步理解控股股东对分红政策的影响动机及其发挥积极的内部治理效应具有重要意义，也逐渐明确了全流通时代控股股东对股利分配政策的偏好特征。

第一节　制度背景

一、控股股东及其代理问题

控股股东代理问题作为第二类代理问题被国内外学者广泛关注，穆罕默德

（Mohamed，2013）等用控股股东代理行为的表现（资金占用、贷款担保、关联交易等）来衡量控股股东的这类代理成本。研究发现，现金股利、关联交易、直接占款等是控股股东掏空上市公司的常用手段。罗琦和胡志强（2011）研究表明，控股股东会出于自身利益来发行股票，进而引发一定的融资约束，其出于利益侵占动机对现金资产的偏好，会导致公司增持现金的价值效应较低。而窦欢和陆正飞（2017）将控股股东过度占用公司资金作为第二类代理问题程度的变量，研究了盈利持续性对第二类代理问题程度的敏感性及机构投资者持股在其中扮演的重要角色，发现控股股东占用资金确实会引起盈利持续性减弱，国有企业更为明显，而机构持股在一定程度上缓解了控股股东过度占用资金带来的不良后果。吕秀华等（2013）利用交叉上市公司样本发现公司交叉上市可以弱化控股股东控制权与企业价值的负向关系，进一步说明交叉上市对缓解第二类代理问题具有显著的正向作用。股权分置改革作为对控股股东非流通股影响较大的改革对其行为也产生了显著影响，在 2006 年股权分置改革之后，控股股东的非经营性资金占用行为也比以往有所减少（Jiang，2015）。姜英兵等（2013）以股权分置改革为时间背景，研究发现在非国有企业，股改后的控股股东现金持有明显降低，表明控股股东在股改后的资金占用问题得到了一定程度的缓解。

股权制衡作为缓解控股股东代理问题的机制在不同方面的研究也逐渐显现，股权制衡可以有效遏制控股股东通过关联交易"掏空"公司的行为。马苏利斯和王（Masulis and Wang，2009）认为，有效制约控股股东代理行为的机制是股权制衡机制，多个控股股东能够形成制衡力量，有效监督、缓解金字塔结构下控股股东代理问题，提升公司价值。左晶晶等（2013）研究表明，控股股东制衡有利于提高上市公司创新及研发投资，且在民营企业更为有效，该结论有效地证明了由于第二类代理问题引发的公司研发投入的不足。本内森和沃尔芬森（Bennedsen and Wolfenzon，2000）及戈麦斯和诺瓦埃斯（Gomes and Novaes，2005）等许多国外学者的研究也都发现股权制衡是一种法律的替代机制，能够有效地对中小股东利益起到保护作用，减少控股股东掏空行为。与此同时，这种股权制衡能够有效地提高公司价值，而董事会在控股股东掏空行为及其代理成本的影响上也较为明显。唐建新等（2013）以关联交易事件为样本，发现无法通过股权对公司进行掏空的控股股东可以通过董事会的控制达到对整个上市公司的实际控制，进而影响公司经营活动，并侵害中小股东利益。李翔和邓可斌（2014）通过研究发现外资控股股东直接持股能够对第一大股东的掏空行为产生抑制作用，即降低隧道效应，且这种现象与外资股东持股比例密切相关。余瑶和朱和平（2015）通过探索股东制衡、董事会特征（规模、独立性、两职分离等）对控股股东代理成本的影响，发现股东制衡、高董事规模、两职分离及控制权与现金流权分离都将会降低控股股东代理成本，而独立性并未表现出显著关系。

此外，控股股东控制权的价值效应也引起了国内外学者的关注，但研究结论不尽相同。吴和王（Wu and Wang，2005）研究表明，控股股东持股比例的上升能够通过其现金流权及投票权的充分利用而对公司价值产生正面影响，起到监督管理层行为作用的同时与管理层也形成了趋同的利益倾向。但也有学者表示了不同的观点，过高的监督成本及中小投资者的"搭便车"行为都会引致控股股东通过关联交易、转移资产等不良行为最大化自身利益，具有明显的利益侵占效应，进而对公司价值产生不良影响（Minjung，2014）。冉戎等（2012）和杜赞（Dusan，2014）等综合上述两种观点进行分析，发现控股股东控制权程度与公司价值之间呈倒"U"型关系，即表现为利益趋同和利益侵占两种效应。

二、控股股东持股与股利政策

法乔等（Faccio et al，2001）、古格勒人和尤托卢（Gugler and Yurtoglu，2003）研究发现，控股股东将现金股利沦为其榨取中小投资者利益的工具，一般情况下不倾向于将公司盈利以现金分红的方式给予中小股东，只有在严格的约束机制下分红政策可能才较为积极。而李志军和徐寿福（2013）研究也发现，投资者法律保护程度会提高公司现金股利支付水平，但终极控股股东控制权的提升会弱化两者的关系，即投资者法律保护程度与控股股东持股比例对现金股利政策具有一定的替代效应。曹裕（2014）从产品竞争市场视角探索了现金股利政策对控股股东持股比例的敏感性，发现在高产品市场竞争下，控股股东偏好现金股利的倾向会更为明显，表明产品市场竞争发挥了一定的治理作用。但王国俊等（2015）基于股利强制披露政策，发现承诺高分红比例的公司虽然分红较多，但也更可能反过来通过盈余管理等机会主义行为降低股利分红，相关政策的效果并未有效显现。而罗琦和吴哲栋（2016）研究发现，控股股东持股比例与现金分红政策具有倒"U"型关系，且与控股股东协同效应更强的公司相比，如果出现控股股东的利益侵占，则现金股利政策将会发挥更大的治理作用及价值效应。朱清等（2014）基于股权分置改革背景发现控股股东会考虑利益侵占成本，进而会导致控股股东比例增加所带来的更多现金股利发放。而股利支付水平也被证实与公司发展周期有着密切联系。罗琦和伍敬侗（2017）从股利生命周期来进行研究，发现控股股东控制权的增加会促进成熟型的上市公司现金股利支付水平更高，这在一定程度上说明现金股利确实成了控股股东利益侵占的重要方式。

此外，还有学者结合经济波动、制度环境、股权激励计划、资本成本及质押融资等方面进行了探索，进一步认知控股股东主导下的现金分红政策。王茜和张鸣（2009）研究了经济波动对控股股东持股与现金股利政策之间关系的影响，发现经济下行时期公司并不倾向于发放现金股利，且这种现象在非国有企业样本中表现更为明显，表明了经济波动对非国有企业现金股利的影响显著。黄桂杰（2012）的研究表明，控股股东的意志受制度环境的影响越大，公司股利政策就越合理。叶继英和张敦力（2014）研究股权激励计划对现金股利政策的影响，发现股权激励政策的实施及程度都会显著提高现金股利的发放，但控股股东控制权地位的存在会弱化高管激励对现金股利发放的正向关系。罗琦等（2017）研究了控股股东类型对权益资本成本的影响，结果表明，权益资本成本在控股股东为非国有及两权分离度较高的公司中显著更低。廖珂等（2018）从控股股东股权质押这一新的视角研究了其对现金股利政策的影响，发现控股股东股权质押水平越高，公司越不倾向于发放现金股利，更青睐于推出"高送转"，一定程度上揭示了公司在现金股利与"高送转"利润分配之间的选择策略。李桂兰和罗诗（2015）研究发现，中小企业板上市公司控股股东控制权比例越大，现金分红也会表现得越明显，且这种现象在除外资上市公司以外的公司中更为明显。

第二节　研究设计

一、研究假设

　　国外与国内对控股股东与上市公司现金分红关系的理解有所不同，在国外，上市公司控股股东与中小股东之间的问题被作为第二类代理问题，控股股东持股比例的提升会引发不同程度的隧道效应，他们通过资金占用、关联交易、贷款担保等多种方式予以实现，这将侵害中小投资者利益。而从公司现金分红政策的角度来看，控股股东会将盈利中绝大部分留存于企业，减少现金分红，以最大限度地获取控制权收益。而在国内，众多研究表明控股股东更为青睐高分红政策，原因在于股权分置改革之前，鉴于控股股东手中有更多不能流通的非流通股存在，导致现金分红成为其唯一的收益手段，且控股股东手中非流通股的获取成本远小于流通股成本，致使股息率要更高。综上所述，股权分置改革前我国控股股东更倾向于公司积极的现金分红政策。那么，在股权分置改革之后即全流通背景下控股股东对分红政策的偏好是否会发生一定的变化？这是值得深思的问题。

　　控股股东在公司中发挥其对高管监督职能的同时，也可能会带来利益冲突，尤其是与中小股东之间的利益冲突，控股股东会更为频繁地通过其控制权转移上市公司资源来实现自身利益最大化。而基于股利理论来看，现金分红具有明显地缓解控股股东代理成本的作用。一方面，投资机会与现金分红水平密切相关。投资者保护程度高的公司必然伴随着更高的现金股利政策，这种高现金股利政策必将减少未来的投资机会，即投资机会越少，现金分红水平越高；投资机会越多，现金分红水平越低。另一方面，现金分红导致企业内部资金减少，进而弱化了控股股东可能带来的掏空行为。

理论界对现金分红与控股股东关系的研究结论不尽相同，一种观点认为内部自由现金减少、利益共享及高额的股利税会让控股股东并不倾向于现金分红，而同股不同权引致的高股息率也让控股股东并不偏好高分红政策。另一种观点则认为，较高的分红将会帮助控股股东进一步缓解第一类代理问题，与此同时，配股条件、向投资者传递积极信息等具体因素也被充分考虑，故这些学者认为高现金分红可能对控股股东更为有利。所以，目前的理论研究中对于控股股东对现金分红政策影响的看法不尽相同，在股权分置改革前，由于非流通股的不可流通性，上市公司控股股东无法通过其他方式最大化自身利益，所以现金分红成为控股股东的利益来源之一。而在全流通背景下，控股股东手中的非流通股获得了可以流通的权力，与中小股东之间的利益趋于一致，控股股东可以通过股权转让来实现资本利得收益。此外，再融资行为也会更加理性化，而有损其他股东利益的掏空行为在一定程度上会得到抑制，所以，控股股东在全流通背景下对公司现金分红的影响会因其利益倾向的转变有所变化，控股股东对股利政策理论上应该产生较为积极的影响。就成长性公司而言，对资金的高需求必将导致自由现金流量储备较多，现金分红政策较为缩紧，而控股股东基于公司价值层面也理应会扩大自身的利益基础，支持公司根据自身生命周期来制定理性的分红政策。基于以上分析，本章提出以下假设：

假设7-1：全流通背景下，现金分红政策将更为理性，高成长性公司分红政策紧缩，而控股股东对这种理性分红政策也会表现出更为积极的状态，至少不会过多干预成长性公司的分红政策。

全流通背景下，大股东与中小股东一样，手中的股票都可以在二级市场进行买卖交易，进而获取资本利得收益，其对公司市值的变化将会更为关注，进而会导致对现金分红政策产生影响，其与中小股东的利益逐渐趋同，逐步形成利益共享的局面，这在一定程度上纠正了其侵占中小股东利益的取向，有效缓解了控股股东代理问题。控股股东对股利政策的积极影响必将导致股利政策趋于理性和稳定，高成长性公司更倾向于少分红，这样更利于公司价值的提升，而控股股东也并未对成长性公司的分红政策进行过多干预，即一定程度上表明全流通背景下控股股东进一步将自身利益取向与公司价值提升相趋同，让控股股东充分发挥利益共享角色及更为积极的治理作用。鉴于以上分析，本章提出以下假设：

假设 7 - 2：全流通背景下，控股股东会更加关注企业价值，采用更为理性的股利政策，并对现金分红与企业价值的关系产生积极影响。

二、研究模型与变量定义

（一）模型设定

根据上述分析，本章拟设定以下模型予以检验：

$$CDPS = \alpha_0 + \alpha_1 IR + \alpha_2 SRMS + \alpha_3 SRMS \times IR + \alpha_4 Size + \alpha_5 Lev$$
$$+ \alpha_6 RNA + \alpha_7 Cashflow + \sum \alpha_i Indy_i + \sum \alpha_j Year_j + \varepsilon \quad (7.1)$$

$$PB = \eta_0 + \eta_1 CDPS\_lag + \eta_2 SRMS + \eta_3 CDPS\_lag \times SRMS$$
$$+ \eta_4 Size + \eta_5 RNA + \eta_6 Lev + \eta_7 Cashflow + \eta_8 TAR$$
$$+ \sum \gamma_i Indy_i + \sum \gamma_j Year_j + \varepsilon \quad (7.2)$$

模型（7.1）用于检验全流通背景下控股股东持股比例对现金分红与公司成长性间关系的影响，模型（7.2）则用于检验现金分红的价值效应及控股股东持股比例对前者关系的影响。

（二）变量定义

被解释变量：针对控股股东对现金分红与公司成长性关系的影响，选取每股税前现金股利（CDPS）作为被解释变量，而针对控股股东对公司价值与公司现金分红关系的影响则分别采用市净率（PB）作为被解释变量（谢军，2008）。在考虑现金分红对企业价值的影响时，解释变量采用滞后一期值予以分析。

解释变量：模型的解释变量主要包括控股股东持股比例（SRMS）、公司营业收入增长率（IR）、每股税前现金股利（CDPS）三部分，而控制变量则选取公司规模（Size）、资产负债率（Lev）、每股自由现金流（Cashflow）、净资产收益率（RNA）、总资产周转率（TAR）。所有回归均控制年度和行业固定效应。

具体变量释义见表 7 - 1。

表7-1　　　　　　　　　　　　　　变量释义

变量名称	变量符号	变量定义
每股税前现金分红	CDPS	当期派发的现金股利÷公司总股本
控股股东持股比例	SRMS	第一大股东持股÷总股本
营收增长率	IR	（营业收入本期值－上年营业收入同期值）÷上年营业收入同期值
企业价值	PB	市净率，每股股价÷每股净资产
公司规模	Size	公司年末总资产的自然对数
资产负债率	Lev	负债总额÷资产总额表示
盈利能力	RNA	公司净资产收益率，年度净利润÷年末所有者权益
自由现金流	Cashflow	每股自由现金流量，（净利润＋利息＋其他非现金支出－追加营运资本－资本性支出）÷总股本
总资产周转率	TAR	营业收入÷总资产

三、研究样本与描述统计

本章基于全流通背景研究控股股东主导下的股利分配政策及其价值效应，选取2007~2018年沪深A股上市公司为初始研究样本，以2007年作为样本选择的起点，是因为2006年底标志着股权分置改革的基本完成和全流通的开始。同时，为了后续回归分析的准确性，对样本数据进行了一定的预处理：（1）剔除了金融类上市公司数据；（2）剔除ST样本数据；（3）剔除数据存在缺失的上市公司样本；（4）每股现金股利采用税前金额值。此外，本章对样本数据进行了上下1%的异常值处理。所有数据均来自国泰安数据库，且部分数据通过计算得到。

首先，本章对公司现金分红政策的样本数量及年度分红均值进行了描述性统计（见表7-2），发现实施现金分红的样本数据随着时间的推移越来越多，这在一定程度上说明股权分置改革后现金分红的公司确实越来越多，但现金分红均值却呈现出先增后减再增的特点，在2010年、2011年达到峰值，且在2012年之后保持了较为稳定的总体分红均值，然后在2017年、2018年又有显著的提高，说明绝大部分公司在大多数年份的分红政策总体上较为积极，大股东与小股东的利益逐渐趋于一致，控股股东对公司现金分红的影响较为明显。

表7-2 观测值及分红数据分布

项目	2007年	2008年	2009年	2010年	2011年	2012年	2013年	2014年	2015年	2016年	2017年	2018年
观测值个数	1 434	1 486	1 632	1 973	2 199	2 324	2 370	2 486	2 680	2 962	3 336	3 327
CDPS	0.156	0.152	0.165	0.200	0.191	0.165	0.145	0.144	0.147	0.152	0.174	0.181

其次，本章对主要的回归变量进行了描述性统计（见表7-3）。结果表明，不论是解释变量还是控制变量，总体来看，变量的均值及中位数差异不大，样本值分布较为均匀，每股税前分红均值达到了0.164元，而最大值也达到了1元，所以样本现金分红差异较为明显。在样本公司中控股股东持股比例均值达到了约36%，最小值约为9%，最大值为近80%，说明样本公司中控股股东持股比例差距较为明显。而从价值指标来看，市净率均值为3.944，但市净率价值指标的最大值与均值差异明显，这也说明分红差异可能带来的价值差异及控股股东主导下的分红政策差异的价值效应。此外，从控制变量来看，自由现金流的均值与中位数差距明显，这为后续分红差异的研究提供了一定的控制，其他控制变量值分布较为均匀，适合进一步的回归分析。

表7-3 描述性统计

变量	均值	中位数	标准差	最小值	最大值
CDPS	0.164	0.100	0.179	0.010	1
SRMS	35.71	33.77	15.16	8.540	75.65
IR	0.218	0.122	0.557	-0.617	4.095
PB	3.944	2.946	3.396	0.680	22.50
Size	21.96	21.80	1.342	19.11	27.03
Lev	0.437	0.429	0.217	0.049	1.010

续表

变量	均值	中位数	标准差	最小值	最大值
RNA	0.074	0.074	0.122	-0.564	0.422
Cashflow	-0.242	-0.074	1.086	-5.075	2.919
TAR	0.682	0.573	0.472	0.029	2.677

第三节　多元回归分析

一、控股股东、企业成长性与股利政策

本章对现金分红与公司发展机会之间的关系进行了回归，并引入了控股股东控制权对前述关系的影响，实证结果表明（见表7-4），控股股东持股比例与每股税前现金股利之间回归系数为0.001，通过了1%的显著性水平，表明控股股东持股比例越高的公司现金分红政策更为积极。而成长性与每股现金股利之间回归系数为-0.031，也通过了1%的显著性水平，说明具有较多发展机会的公司并不倾向于派发现金股利，更多的现金流被用于公司成长性发展。在引入了控股股东持股比例后，发现控股股东持股比例的提升并未对现金分红政策与成长性之间的关系产生显著影响，这也在一定程度上表明相较于股权分置改革前，全流通时代下控股股东持股比例对分红政策的影响非常小，不再像股权分置改革前控股股东会过多主导现金分红政策，即使公司存在很多发展机会、需求更多自由资金时控股股东也会主导更高的分红政策，这种现象在全流通时代下逐步得到了改善，致使大股东与小股东利益逐渐趋于一致，基本验证了假设7-1。

表7-4　　控股股东持股、发展机会与现金分红的 tobit 回归结果

变量	（1） 全样本 CDPS	（2） 全样本 CDPS	（3） 全样本 CDPS	（4） 控股比例较低组 CDPS	（5） 控股比例较高组 CDPS
SRMS	0.001 *** (12.33)		0.001 *** (10.45)		
IR		-0.031 *** (-12.24)	-0.035 *** (-4.79)	-0.030 *** (-8.64)	-0.031 *** (-8.57)
SRMS × IR			0.000 (0.74)		
Size	0.032 *** (28.27)	0.033 *** (29.44)	0.032 *** (28.04)	0.033 *** (20.48)	0.036 *** (21.65)
Lev	-0.252 *** (-33.77)	-0.250 *** (-33.48)	-0.246 *** (-33.06)	-0.263 *** (-25.42)	-0.241 *** (-22.23)
RNA	1.040 *** (66.85)	1.100 *** (68.72)	1.088 *** (68.07)	1.046 *** (47.27)	1.151 *** (49.82)
Cashflow	0.005 *** (5.26)	0.004 *** (4.20)	0.004 *** (3.94)	0.006 *** (4.13)	0.002 (1.48)
TAR	0.019 *** (6.65)	0.023 *** (7.72)	0.021 *** (7.15)	0.026 *** (6.45)	0.019 *** (4.50)
Constant	-0.651 *** (-23.48)	-0.638 *** (-23.03)	-0.642 *** (-23.23)	-0.608 *** (-15.31)	-0.687 *** (-17.64)
Year			控制		
Industry			控制		
Observations	17 654	17 652	17 652	9 246	8 406

注：*** 表示在 1% 的水平上显著，括号内为 t 值。

二、控股股东、股利政策与企业价值

本章对控股股东主导下的公司现金分红政策的价值效应进行检验。从市净率作为价值指标的结果来看（见表7－5），现金分红与市净率的回归系数为0.882，控股股东持股比例与现金分红的交乘项系数为0.017，且两者均通过1%的显著性水平，说明现金分红政策确实引起了市场的积极反应，提高了公司市净率，而控股股东持股比例的提升强化了市净率与现金分红之间的正向关系。而从上市公司流通股占比分组回归来看，低流通股占比组与高流通股占比组对市净率的影响回归系数分别为1.025、0.673，且均通过了1%的显著性水平。综上所述，控股股东正致力于公司价值创造及发展，由利益侵占逐渐向利益共享回归，形成了更为理性的现金分红政策，对公司价值产生了积极影响，相关结论基本验证了假设7－2。

表7－5　　　　控股股东持股、股利政策与企业价值的回归结果

变量	(1) 全样本 PB	(2) 全样本 PB	(3) 低流通股比例组 PB	(4) 高流通股比例组 PB
CDPS	0.882 *** (9.64)	0.154 (0.61)	1.025 *** (8.59)	0.673 *** (4.68)
SRMS		0.007 *** (4.71)		
CDPS × SRMS		0.017 *** (2.76)		
Size	− 0.933 *** (− 59.59)	− 0.945 *** (− 60.31)	− 0.941 *** (− 47.37)	− 0.925 *** (− 35.90)
Lev	2.488 *** (23.97)	2.503 *** (24.17)	2.644 *** (19.99)	2.261 *** (13.27)

续表

变量	（1） 全样本 PB	（2） 全样本 PB	（3） 低流通股比例组 PB	（4） 高流通股比例组 PB
RNA	6.558 *** (37.15)	6.504 *** (36.91)	6.530 *** (28.37)	6.586 *** (23.73)
Cashflow	−0.018 (−1.31)	−0.021 (−1.56)	−0.021 (−1.20)	−0.011 (−0.50)
TAR	0.065 (1.61)	0.049 (1.22)	−0.007 (−0.15)	0.209 *** (3.13)
Constant	21.203 *** (56.10)	21.185 *** (55.97)	21.491 *** (45.18)	20.685 *** (32.80)
Year			控制	
Industry			控制	
Observations	16 788	16 788	10 406	6 382

注：*** 表示在 1% 水平上显著，括号内为 t 值。

本章通过一定方式进行了稳健性检验。

（1）用股利支付率（DDR）替代每股税前股利金额进行重复回归。相关实证结果表明（见表 7 - 6），控股股东持股比例的提升依然提高了股利支付率，且高成长性公司的股利支付率更低，但控股股东持股比例的提升在股利支付率与成长性关系间依然没有表现出明显的影响，说明控股股东持股比例的提升并未过多干预分红政策，尤其是对自由资金存在较大储备需求的成长性公司，现金分红上并未产生明显影响，再次验证了假设 7 - 1。与此同时，从分红的价值效应来看（见表 7 - 7），控股股东持股比例与股利支付率交乘项对市净率的影响系数为 0.035，且通过了 1% 的显著性水平，进一步说明控股股东持股比例的提升对现金分红政策的价值效应产生了积极影响，即控股股东更多地会通过积极的分红政策提升公司价值基础进而提高未来可能的收益，再次验证了假设 7 - 2。

表 7 – 6	稳健性检验 1		
	（1）	（2）	（3）
变量	全样本 DDR	全样本 DDR	全样本 DDR
SRMS	0.002 *** （14.59）		0.002 *** （12.85）
IR		– 0.040 *** （– 11.03）	– 0.047 *** （– 4.06）
SRMS × IR			0.000 （0.66）
Size	0.031 *** （15.98）	0.034 *** （17.77）	0.030 *** （15.65）
Lev	– 0.343 *** （– 28.35）	– 0.347 *** （– 28.58）	– 0.337 *** （– 27.85）
RNA	– 0.444 *** （– 16.85）	– 0.342 *** （– 12.60）	– 0.373 *** （– 13.75）
Cashflow	0.006 *** （3.09）	0.004 ** （2.30）	0.004 ** （2.06）
TAR	0.027 *** （5.28）	0.033 *** （6.58）	0.029 *** （5.75）
Constant	– 0.342 *** （– 7.42）	– 0.340 *** （– 7.34）	– 0.327 *** （– 7.10）
Year		控制	
Industry		控制	
Observations	22 804	22 791	22 791

注：** 、*** 分别表示在 5% 和 1% 的水平上显著，括号内为 t 值。

表 7 - 7 稳健性检验 1（续）

变量	（1）全样本 PB	（2）全样本 PB
SRMS	0.009 *** (7.22)	0.000 (0.05)
DDR		- 1.561 *** (- 9.80)
DDR × SRMS		0.035 *** (8.34)
Size	- 1.480 *** (- 88.05)	- 1.317 *** (- 79.96)
Lev	5.585 *** (53.68)	4.496 *** (42.82)
RNA	2.934 *** (19.10)	3.129 *** (19.63)
Cashflow	0.088 *** (5.47)	0.071 *** (4.63)
TAR	- 0.142 *** (- 3.22)	- 0.029 (- 0.66)
Constant	34.711 *** (88.21)	28.780 *** (72.75)
Year	控制	
Industry	控制	
Observations	24 308	21 463

注：*** 表示在 1% 的水平上显著，括号内为 t 值。

（2）用营业总收入增长率替代原成长性指标重复检验。相关实证结果表明（见表 7 - 8），成长性指标与现金分红之间依然表现出了显著的负向关系，一定程度上再次说明高成长性公司对资金的需求，进而导致现金分红的减少，而控股股东持股比例的提高对这种成长性公司的低分红政策并未有过多干预，支持公司做出更加理性的分红决策，验证了假设7－1。

表7－8 稳健性检验2

变量	（1）全样本 CDPS	（2）全样本 CDPS	（3）全样本 DDR	（4）全样本 DDR
TIR	-0.030^{***} (-12.25)	-0.035^{***} (-4.80)	-0.040^{***} (-11.01)	-0.046^{***} (-4.00)
SRMS		0.001^{***} (10.45)		0.002^{***} (12.87)
SRMS × TIR		0.000 (0.74)		0.000 (0.61)
Size	0.033^{***} (29.45)	0.032^{***} (28.05)	0.034^{***} (17.78)	0.030^{***} (15.65)
Lev	-0.250^{***} (-33.48)	-0.246^{***} (-33.06)	-0.347^{***} (-28.57)	-0.337^{***} (-27.84)
RNA	1.100^{***} (68.72)	1.088^{***} (68.07)	-0.343^{***} (-12.61)	-0.373^{***} (-13.75)
Cashflow	0.004^{***} (4.20)	0.004^{***} (3.94)	0.004^{**} (2.31)	0.004^{**} (2.07)
TAR	0.023^{***} (7.71)	0.021^{***} (7.15)	0.033^{***} (6.57)	0.029^{***} (5.74)
Constant	-0.638^{***} (-23.04)	-0.642^{***} (-23.24)	-0.340^{***} (-7.35)	-0.327^{***} (-7.10)
Year			控制	
Industry			控制	
Observations	17 652	17 652	22 791	22 791

注：**、***分别表示在5%、1%的水平上显著，括号内为t值。

（3）用前十大股东持股比例（SRMS1）替代第一大股东持股比例作为大股东控股指标进行重复回归检验。相关实证结果表明（见表7－9），前十大股东持股比例的提高带来了较高的现金分红，但依然并未对现金分红与成长性之间的关系产生影响。而前十大股东持股比例与现金分红的交乘项系数在市净率依然表现出了显著的正向关系，再次说明控股股东对现金分红政策的积极影响，进而对公司价值带来提升，进一步验证了假设7－1、假设7－2。

表7－9   稳健性检验3

变量	（1）全样本CDPS	（2）全样本CDPS	（3）全样本PB
SRMS1	0.001 *** (18.35)	0.001 *** (17.13)	0.016 *** (11.58)
IR		-0.033 *** (-2.64)	
SRMS1 × IR		-0.000 (-0.03)	
CDPS			-1.483 *** (-3.32)
CDPS × SRMS1			0.031 *** (4.66)
Size	0.032 *** (27.96)	0.031 *** (27.62)	-0.949 *** (-61.10)
Lev	-0.235 *** (-31.29)	-0.227 *** (-30.39)	2.686 *** (26.03)
RNA	1.008 *** (64.47)	1.058 *** (66.21)	6.329 *** (36.13)
Cashflow	0.007 *** (7.29)	0.006 *** (5.91)	0.004 (0.30)

变量	(1)	(2)	(3)
	全样本 CDPS	全样本 CDPS	全样本 PB
TAR	0.019 *** (6.66)	0.021 *** (7.19)	0.046 (1.15)
Constant	−0.679 *** (−24.60)	−0.672 *** (−24.37)	20.667 *** (54.80)
Year	控制		
Industry	控制		
Observations	17 654	17 652	16 788

注: *** 表示在1%的水平上显著,括号内为 t 值。

基于全流通背景,本章研究了公司控股股东对公司股利分配政策的影响。在全流通背景下,上市公司控股股东不仅可以获得现金分红,还可以通过二级市场赚取资本利得收益。这有助于控股股东更关注公司价值,更关注现金分红决策对公司价值的影响,减少了由于资金占用及关联交易等引发的"隧道行为",进一步缓解了第二类代理问题。而控股股东的角色也逐渐由利益侵占向利益共享转变,缓解了控股股东的代理问题。

本章实证研究结果表明:(1)全流通背景下,上市公司的股利政策尤其是成长性公司的股利分配政策更为理性,成长性公司拥有更多的发展机会,但是自由现金流不足,低现金分红而将更多资金用于发展是成长性公司的理性选择,实证数据验证了控股股东在现金分红政策上的资源配置功能。(2)基于市净率价值指标的考量,控股股东对现金分红政策的价值效应影响明显,现金分红的确能够提高企业价值,且控股股东持股比例的增加也进一步强化了现金分红对企业价值的正向影响,这说明控股股东将会更加注重公司价值,更为积极地影响公司现金分红政策,发挥了良性的治理作用,从而最大化公司价值。

第八章
机构投资者持股对股利政策的影响

本章以 2005～2018 年我国所有 A 股上市公司为研究样本，实证检验机构投资者持股对上市公司治理问题进而对股利分配政策的影响。研究结果表明，机构投资者有效缓解了公司的代理问题，促进了上市公司"增加现金分红"的行为，机构投资者与上市公司现金分红水平显著正相关。我们使用工具变量解决了相关的内生性问题，考虑了"半强制分红政策"的影响以后，以上结论仍然成立。

第一节　制　度　背　景

在美国，机构投资者是主要的投资群体之一，机构投资者持有美国工业企业超过 50% 的股权。现在的趋势是，不论大公司中还是小公司中都有越来越多的机构持股。我国证监会自 2001 年提出"超常规发展机构投资者战略"以后，机构投资者的数量和规模都得到了迅速的发展。2004～2008 年机构投资者持股的均值不到 5%，2016 年机构投资者持股比例增长到 14.9%。

机构投资者如何影响公司的财务政策？这是近年来学术界和实务界越来越关注的一个重要问题，本节从缓解公司代理问题的动机出发，研究了这个问题的一个方面，即机构投资者与股利政策两者之间的关系。我们根据与机构投资者及现金分红行为相关的理论，并在 2005～2018 年的机构持股和现金分红的大数据基础上检验机构投资者对公司现金分红政策的影响。公司的所有权结构是影响股利政策的重要因素。机构投资者作为上市公司的股东，会积极参与公司治理，监督管理层的行为，在上市公司的决策中发挥积极作用，可以有效抑制上市公司不分红或少分红的行为。代理理论认为，随着监督的增强，管理者可能会与投资者分享更多的利润，公司的现金分红水平会越高。这也表明，机构投资者持股比例越大，上市公司现金分红水平越高。

基于以上考虑，我们利用 2005～2018 年 A 股上市公司的数据，实证检验了机构投资者持股对代理问题和现金分红水平的影响。实证结果发现，机构投资者持股有效缓解了上市公司两类代理问题，并且大股东也可以起到相同的作用；

机构投资者和大股东对分红政策有着积极的影响，具体表现在可以提高分红的水平，促进公司增加分红。

第二节　研究设计

一、研究假设

积极治理假说认为，机构投资者在上市公司中可以发挥一定的治理效应。已有研究发现机构投资者介入后改善了公司的业绩（刘星和吴先聪，2011），抑制了管理层的盈余管理行为（李增福等，2013），降低了公司的费用粘性（梁上坤，2018）。机构投资者比个人投资者更老练和消息灵通（Bartov et al.，2000）。与股利支付企业相比，非股利支付企业往往具有更多的信息不对称（Li and Zhao，2007；Khang and King，2006），在非股利支付公司中，更高的机构所有权水平带来的信息改善应该更强。基于机构的这些特点，许多研究都认为机构更善于监控和收集信息，进而可以有效降低代理问题。相对于个人投资者来说，机构投资者由于持股比例较高，他们更有动力和能力来监督管理层，以降低代理成本。机构投资者之间可以相互形成合作，对公司的政策产生共同的影响（Edmas and Holderness，2016），通过相互监督合作，可以提高治理效率（Crane et al.，2017），共享成员之间的私有信息，从而降低股价崩盘风险（吴晓晖等，2019）。机构投资者持股比例越高，管理层的薪酬敏感性越高，在管理层与股东之间的代理问题上，可以发挥治理作用（Hartzell and Satrks，2003）。因此，提出以下假设：

假设 8 - 1：机构投资者持股比例越高，公司的代理成本越低。

自由现金流理论认为，管理者不愿意支付现金股利，更愿意将资金保留在自己的控制之下。派发现金股利是解决这一问题的有效途径之一。机构投资者更倾向于将公司的自由现金流分配给股东作为现金股利，以降低自由现金流的代理成本。从这个角度来看，机构投资者可能会反对经理人倾向于过度保留现金流，并凭借投票权迫使经理人派发现金股利。公司发放了现金股利，需要资金时会到外部资本市场融资，从而受到资本市场的监督。在这方面，泽克豪斯和庞德（Zeckhauser and Pound，1990）认为，机构投资者可以作为一种替代的监督机制，从而减少了资本市场对外部监管的需求。虽然许多机构投资者对投资的客观看法，以及在监督活动方面存在"搭便车"的动机，表明机构投资者不太可能对公司进行直接监督，但事实上，外部机构投资者作为一种外部治理力量，能够促使公司增加现金分红，提高资本市场回报。魏志华等（2012）发现机构投资者对上市公司现金分红发挥了积极作用，机构投资者持股比例高的公司会更倾向于发放现金股利。石宗辉和张敦力（2015）拓宽了自由现金流理论，研究发现机构投资者在现金分红行为中可以发挥积极的作用，从进一步细化机构投资者的类型来看，其中社保基金的作用最明显。股价信息含量的增加会降低股票收益的方差，因此，水平较高的机构所有权将与信息更丰富的股价联系在一起，被称为制度复杂性。此外，机构投资者对股价低波动性有着强烈的偏好，非分红的公司比分红公司的波动性要大得多，机构投资者有受托责任，这种谨慎性导致了其对现金分红的偏好，加剧了他们对非现金股利支付导致股价波动的厌恶。为了提升企业价值，公司希望机构投资者进行监督或进行收购，由于有共同的机构章程和审慎人原则的限制，以及一些机构在股息方面的相对税收优势，机构投资者会更偏好上市公司进行分红。因此，提出以下假设：

假设 8 - 2：机构投资者持股与上市公司现金分红水平、分红比例、分红倾向有显著正相关关系。

假设 8 - 3：机构投资者持股会促进上市公司"增加分红"。

二、研究模型与变量定义

（一）数据来源

我们以 2005 ~ 2018 年 A 股上市公司作为初始研究样本，研究数据均来自国泰安（CSMAR）数据库，对数据进行了以下处理：（1）剔除金融行业样本；（2）剔除 ST、*ST 公司的样本；（3）剔除数据缺失的样本；（4）为避免极端异常值的影响，对连续变量进行了上下 1% 的 winsorize 处理。最终得到 22 086 个公司—年度观测值。

（二）变量定义

1. 主要的被解释变量

（1）股利政策，采用以下三种方式度量：每股现金股利、股利支付率、股利支付倾向；（2）现金分红增加，若公司当年的每股现金股利高于上一年，则现金分红变量取值为 1，否则取 0；（3）代理成本，分别采用管理费用率和其他应收款比率进行衡量。

2. 主要的解释变量

（1）机构投资者持股比例，用当年机构投资者股份总数占上市公司总股数衡量；（2）大股东持股比例，用当年上市公司控股股东持股比例衡量。

3. 控制变量

参考已有研究，我们还控制了以下变量：企业成长性、现金流状况、盈利能力、财务杠杆、企业规模、股权集中度、两职合一、独立董事比例、行业、年份。变量的具体定义见表 8-1。

表 8-1 　　　　　　　　　　　　　　变量定义

变量类型	变量名称	变量符号	变量说明
被解释变量	现金分红	Dps	每股现金股利
		Payout	每股股利÷每股收益
		Divtrend	当年支付了现金股利取 1，否则取 0
	现金分红增加	Increase	当年现金股利高于上一年度取 1，反之取 0
	代理成本	Mfee	管理费用率，管理费用÷营业收入
		OtherRecp	其他应收款比率，其他应收款÷资产总额

续表

变量类型	变量名称	变量符号	变量说明
解释变量	机构投资者持股	Institution	当年所有机构投资者持有股份总数÷上市公司总股数
	第一大股东持股	Sh1	控股股东持有股份数÷上市公司总股数
控制变量	企业成长性	Growth	(当年主营业务收入－上年主营业务收入)÷上年主营业务收入
	现金流状况	Cps	当年经营活动现金净流量÷上市公司总股数
	盈利能力	Roe	年度净利润÷年末净资产
	财务杠杆	Lev	年末总负债÷年末资产总额
	企业规模	Size	公司年末资产总额自然对数
	股权集中度	Herf	公司第1大股东持股÷第2大股东持股
	两职合一	Dual	董事长、总经理为同一人，取1，否则取0
	独立董事比例	IndeDir	独立董事人数÷公司董事会总人数
	行业	Ind	行业虚拟变量，共设置了11个哑变量
	年度	Year	年度虚拟变量

4. 模型构建

为检验假设8－1，构建模型（8.1）：

$$Cost = \alpha_0 + \alpha_1 Institution + \alpha_2 Dps + \alpha_i Control + \varepsilon \qquad (8.1)$$

为检验假设8－2，构建模型（8.2）：

$$Dividend = \beta_0 + \beta_1 Institution + \beta_2 Sh1 + \beta_3 Institution \times Sh1 + \beta_i Control + \varepsilon$$

$$(8.2)$$

为检验假设8－3，构建模型（8.3）：

$$Logit(Increase_{i,t}) = \delta_0 + \delta_1 Institution_{i,t-1} + \delta_2 Sh1$$

$$+ \delta_3 Institution_{i,t-1} \times Sh1_{i,t-1} + \delta_i Control_{i,t} + \varepsilon \qquad (8.3)$$

模型（8.1）用于检验假设8－1中机构投资者持股能否缓解上市公司的代理问题。Cost为代理成本，分别用管理费用率（Mfee）和其他应收款比率（OtherRecp）进行衡量；解释变量Institution为机构投资者持股比例，Dps为每股现金股利，Controls 为表 8 – 1 中的控制变量。若模型（8.1）中 Institution 变量的系数显著为负，则假设 8 – 1 得到验证。

模型（8.2）用于检验假设 8 – 2 中机构投资者持股对上市公司现金分红是否有积极的影响。Dividend 表示现金分红，分别用分红水平（Dps）、股利支付率（Payout）和当年是否分红（Divtrend）进行衡量；解释变量为机构投资者持股比例（Institution）和第一大股东持股比例（Sh1），设置机构投资者持股比例与第一大股东持股比例的交乘项（Institution × Sh1），检验上市公司的大股东与机构投资者之间是否存在"合谋"行为，若交乘项的系数显著为正，则反映现金分红可以作为上市公司股东进行"掏空"的手段。若模型（8.2）中 Institution 变量的系数显著为正，则假设 8 – 2 得到验证。

模型（8.3）用于检验假设 8 – 3 中机构投资者持股是否会促进上市公司增加分红。Increase 表示当年增加分红的虚拟变量，因此采用 Logit 模型进行回归分析。交乘项反映了机构投资者与上市公司大股东对增加分红的交互影响。模型中其他变量的定义如前所述，若模型（8.3）中 Institution 变量的系数显著为正，则假设 8 – 3 得到验证。

以上模型均控制了企业成长性、现金流状况、盈利能力、财务杠杆、企业规模、股权集中度、两职合一、独立董事比例、行业、年份变量。在回归分析中，检验了各变量的方差膨胀因子（VIF），结果显示 VIF 均小于 5，说明模型均不存在严重的多重共线性问题。

第三节 实证结果分析

一、变量的描述性统计

从表 8 – 2 报告的主要变量的描述性统计结果来看，被解释变量公司现金分红的均值为 0.1015，说明在 2005 ~ 2018 年期间，我国上市公司总体的分红水平偏低，而中位数为 0.0500，反映出我国上市公司之间的分红政策存在一定的差异；股利支付率的均值为 0.4236，中位数为 0.2440，说明样本公司的股利支付率较低，公司之间的股利支付率还存在一定的差异；股利支付倾向的均值为 0.6812，说明有一半以上的上市公司进行了现金分红。代理成本的两个衡量变量管理费用率和其他应收款比率的均值分别为 0.1011 和 0.0203。从解释变量来看，2005 ~ 2018 年，机构投资者持股比例的均值为 0.0452，说明我国机构投资者的持股比例较低，资本市场中依然是个体投资者占据主导地位；第一大股东的持股比例均值为 0.3884，反映出目前我国上市公司的股权集中度较高。

表 8 - 2　　　　　　　　　　主要变量的描述性统计（全样本）

变量	均值	中位数	最大值	最小值	标准差
Dps	0.1015	0.0500	0.8000	0.0000	0.1470
Payout	0.4236	0.2440	1.9110	0.0000	0.5554
Divtrend	0.6812	1.0000	1.0000	0.0000	0.4660
Increase	0.3432	0.0000	1.0000	0.0000	0.4747
Mfee	0.1011	0.0813	0.5535	0.0087	0.0854
OtherRecp	0.0203	0.0090	0.2113	0.0002	0.0331
Institution	0.0452	0.0277	0.2396	0.0000	0.0504
Sh1	0.3884	0.3752	0.7707	0.0854	0.1617

二、相关性分析

表 8 - 3 的 Pearson 相关性分析表明，机构投资者持股比例（Institution）与代理成本（Mfee、OtherRecp）呈显著负相关关系，说明机构投资者持股可以缓解企业的代理问题，支持了假设 8 - 1。机构投资者持股比例（Institution）与现

金分红的三个变量（Dps、Payout、Divtrend）的相关系数分别为 0.1623、0.0982、0.1652，且均在1%的水平上显著为正，这反映了机构投资者对上市公司的分红会有正面的影响，支持了假设 8 - 2。机构投资者持股比例（Institution）与增加分红（Increase）的相关系数为 0.0945，且在 1% 的水平上显著，说明机构投资者持股会增加上市公司的现金分红水平，支持了假设 8 - 3。此外，现金分红的三个变量（Dps、Payout、Divtrend）与代理成本（Mfee、OtherRecp）呈显著负相关关系，支持了"股利代理理论"（Easterbrook，1984）。而相关性分析没有控制其他变量的影响，因此还需要进行多元回归分析，进一步控制其他因素的影响，以得到更可靠的结论。

表 8 - 3　　　　　　　　　　　Pearson 相关性分析

指标	Dps	Payout	Divtrend	Increase	Mfee	OtherRecp	Institution
Dps	1						
Payout	0.0630***	1					
Divtrend	0.4725***	-0.1421***	1				
Increase	0.3525***	-0.0326***	0.4945***	1			
Mfee	-0.1026***	0.1795***	-0.1456***	-0.1040***	1		
OtherRecp	-0.1478***	0.0707***	-0.2255***	-0.0929***	0.1536***	1	
Institution	0.1623***	0.0982***	0.1652***	0.0945***	-0.0567***	-0.0489***	1

注：*** 表示在1%水平上显著。

三、单变量差异分析

根据机构投资者持股比例，将全体样本划分为"机构持股高样本"和"机构持股低样本"，并对两个子样本的均值和中位数进行 T 检验和 Wilcoxon 秩和检验，结果具体如表 8 - 4 所示。

表 8 – 4   单变量差异分析结果

指标	机构持股高（7 462）		机构持股低（12 322）		差异分析			
	mean	p50	mean	p50	均值之差	T 值	中位数之差	Z 值
Dps	0.133	0.097	0.083	0.033	0.050	23.699***	0.064	28.086***
Payout	0.362	0.232	0.461	0.252	−0.098	−12.119***	−0.020	−1.7910**
Divtrend	0.780	1.000	0.622	1.000	0.158	23.427***	0.000	23.109***
Increase	0.397	0.000	0.311	0.000	0.086	12.355***	0.000	12.308***
Mfee	0.095	0.079	0.105	0.083	−0.009	−7.428***	−0.004	−5.204***
OtherRecp	0.018	0.009	0.022	0.009	−0.004	−8.246***	0.000	−0.354

注：***、**分别表示在1%和5%的水平上显著。均值差异检验方法为T检验，中位数差异的检验方法为非配对样本 Wilcoxon 秩和检验。

表8－4的单变量差异分析结果显示，与机构持股比例较低的样本公司相比，机构持股比例较高的公司有着更高的现金股利水平，更可能发放较高的现金股利，采用更积极的现金股利政策，并且上市公司管理费用率和其他应收款比率更低，说明机构投资者持股比例越高，越有可能缓解公司的代理问题。为保证结论更稳健，还需要进一步结合回归分析，以提供证据。

四、回归分析

（一）机构投资者持股比例与代理成本

我们应用模型（8.1），对假设8－1进行回归分析，结果如表8－5所示。其中第（1）列和第（3）列仅是机构投资者持股（Institution）与代理成本（Mfee、OtherRecp）的回归结果，第（2）列和第（4）列加入了控制变量后的回归结果。从表8－5的回归结果中可以看出，Institution的系数均在1%的水平上显著为负。结论支持了假设8－1，说明机构投资者可以降低上市公司的大股东与小股东、股东与管理层之间存在的两类代理成本，发挥了"积极投资者"

的治理作用。在第（2）列和第（4）列的结果中，第一大股东持股比例（Sh1）与其他应收款比率（OtherRecp）、管理费用率（Mfee）的系数分别为 - 0.01437和 - 0.04226，且均在1%的水平上显著，说明上市公司的大股东既可以缓解股东之间的代理问题，也可以缓解管理层的代理问题。

表 8 - 5　　　　基于机构投资者持股对代理问题影响的回归结果

variables	(1) OtherRecp	(2) OtherRecp	(3) Mfee	(4) Mfee
Institution	- 0.01674 *** (- 3.58)	- 0.01136 *** (- 2.81)	- 0.06963 *** (- 5.74)	- 0.04325 *** (- 3.76)
Dps	- 0.03234 *** (- 20.17)	0.00144 (0.80)	- 0.05575 *** (- 13.39)	- 0.00302 (- 0.68)
Sh1		- 0.01437 *** (- 9.21)		- 0.04226 *** (- 11.04)
Herf		0.00004 *** (3.66)		- 0.00004 (- 1.52)
Growth		- 0.00054 (- 0.13)		0.08274 *** (8.22)
Lev		0.04189 *** (32.79)		- 0.08295 *** (- 26.46)
Roe		- 0.02912 *** (- 14.80)		- 0.16205 *** (- 33.61)
Size		- 0.00437 *** (- 19.40)		- 0.01464 *** (- 26.39)
Cps		- 0.00204 *** (- 6.15)		- 0.00032 (- 0.39)
Heyi				0.00528 *** (4.14)

续表

variables	(1)	(2)	(3)	(4)
	OtherRecp	OtherRecp	Mfee	Mfee
_cons	0.02430 *** (71.97)	0.10525 *** (22.18)	0.10989 *** (125.36)	0.45164 *** (38.66)
F 值	227.59	249.08	121.86	468.21
N	19 784	19 784	19 784	19 784
R^2	0.02239	0.10141	0.01207	0.19105

注： *** 表示在1%水平上显著，括号内为 t 值。

（二）机构投资者持股比例与现金分红

我们应用模型（8.2），对假设 8 - 2 进行回归分析，结果如表 8 - 6 所示。其中第（1）列和第（4）列，机构投资者持股比例（Institution）的系数在 1% 的水平上显著为正，说明机构投资者持股会提高上市公司的分红水平。第（2）、第（3）、第（5）列的第一大股东持股比例（Sh1）的系数为正，且在 1% 的水平上显著，说明大股东持股越多，越会提高公司的分红水平，具体表现在，增加了股利支付率，提高了使用现金分红的倾向，大股东的存在可能会激励外部人士监督和评价现任管理层的业绩，因此也可以发挥一定的治理作用。虽然小股东可能更喜欢资本利得，但大股东可能更喜欢股息，许多大股东本身就是公司。因此，考虑到资本利得实现的时间，公司更倾向于分红而不是资本利得。第（4）列中 Institution × Sh1 的交乘项系数为 - 1.08576，且在 1% 的水平上显著，足以说明机构投资者与大股东之间不存在"合谋"的行为，没有利用分红的方式"掏空"上市公司。

表 8 - 6　　　　基于机构投资者持股对股利政策影响的回归结果

variables	(1) Tobit	(2) Tobit	(3) Tobit	(4) Tobit	(5) Probit
	Dps	Dps	Dps	Payout	Divtrend
Institution	0.05545 ** (2.37)		0.16008 *** (2.80)	0.52617 *** (2.61)	2.02137 *** (3.68)

续表

variables	(1) Tobit Dps	(2) Tobit Dps	(3) Tobit Dps	(4) Tobit Payout	(5) Probit Divtrend
Sh1		0.18159 *** (23.90)	0.19119 *** (18.89)	0.44811 *** (12.69)	1.28228 *** (13.41)
Institution × Sh1			-0.10217 (-0.70)	-1.08576 *** (-2.85)	-1.64248 (-1.09)
Herf	-0.00023 *** (-4.55)	-0.00072 *** (-13.42)	-0.00069 *** (-12.72)	-0.00125 *** (-6.82)	-0.00453 *** (-9.52)
Growth	-0.02111 *** (-9.18)	-0.02283 *** (-10.07)	-0.02263 *** (-9.98)	-0.08300 *** (-10.22)	-0.19619 *** (-10.01)
Lev	-0.34911 *** (-52.83)	-0.32545 *** (-49.55)	-0.32426 *** (-49.34)	-0.32938 *** (-14.57)	-2.42212 *** (-38.67)
Roe	1.18635 *** (66.60)	1.14035 *** (65.79)	1.12236 *** (63.56)	-3.06567 *** (-88.65)	6.44237 *** (40.68)
Size	0.04606 *** (39.89)	0.04258 *** (37.57)	0.04155 *** (36.13)	0.04405 *** (11.07)	0.38130 *** (33.27)
Cps	0.04375 *** (27.36)	0.04297 *** (27.35)	0.04254 *** (27.05)	0.05936 *** (10.64)	0.06071 *** (3.84)
_cons	-0.89906 *** (-37.63)	-0.89080 *** (-38.13)	-0.87695 *** (-36.91)	-0.47166 *** (-5.77)	-7.62464 *** (-32.37)
N	19 784	19 784	19 784	19 784	19 784
LR chi2	10 782.43	11 342.50	11 371.40	7 247.30	6 438.50

注：**、*** 分别表示在5%和1%的水平上显著，括号内为t值。

（三）机构投资者持股比例与增加现金分红

我们应用模型（8.3），对假设8-3进行回归分析，结果如表8-7所示。为了缓解可能存在的内生性问题，对机构投资者持股变量进行滞后一期处理，其余变量均采用当期数据。其中第（1）列和第（3）列，机构投资者持股比例

（Institution）与增加分红（Increase）的系数分别为 0.77051、0.58290，并分别在 1% 和 10% 的水平上显著。第（3）列中，第一大股东持股比例（Sh1）的系数为 0.28701，并且在 1% 的水平上显著。上述结果说明，机构投资者和大股东均有助于促进公司增加分红，并且机构投资者对现金分红增加的效应更强，所以机构投资者更能促进上市公司实施现金分红政策，究其原因，由于共同的机构章程和审慎人原则的限制，以及机构在股息方面的相对税收优势，机构投资者对现金分红表现出更强的偏好（Allen et al.，2000）。

表 8 – 7　　基于机构投资者持股对"增加分红"影响的回归结果

variables	(1) Logit	(2) Logit	(3) Logit	(4) Logit
	Increase	Increase	Increase	Increase
Institution	0.77051 ** (2.37)		0.58290 * (1.80)	0.32175 (0.41)
Sh1		0.26478 ** (2.49)	0.28701 *** (2.68)	0.25376 * (1.80)
Institution × Sh1				0.73570 (0.36)
Herf	0.00063 (0.89)	− 0.00118 (− 1.60)	− 0.00102 (− 1.37)	− 0.00099 (− 1.33)
Growth	0.02635 (0.87)	0.03551 (1.18)	0.03655 (1.21)	0.03666 (1.22)
Lev	− 1.05312 *** (− 11.26)	− 1.18558 *** (− 13.20)	− 1.17942 *** (− 13.12)	− 1.18013 *** (− 13.13)
Roe	5.57365 *** (24.96)	5.48850 *** (25.19)	5.41236 *** (24.44)	5.40986 *** (24.42)
Size	0.27622 *** (16.09)	0.31663 *** (20.17)	0.31150 *** (19.53)	0.31141 *** (19.52)
Cps	0.12251 *** (5.47)	0.11391 *** (5.15)	0.11147 *** (5.03)	0.11147 *** (5.03)

续表

variables	(1) Logit Increase	(2) Logit Increase	(3) Logit Increase	(4) Logit Increase
_cons	-7.03297*** (-20.08)	-7.64666*** (-23.63)	-7.56818*** (-23.18)	-7.55355*** (-22.96)
N	19 784	19 784	19 784	19 784
LR chi2	1 994.23	1 895.69	1 898.91	1 899.04

注：*、**、***分别表示在10%、5%和1%的水平上显著，括号内为t值。

五、稳健性检验

（一）内生性处理

影响结论稳健性的一个重要因素来自内生性问题。书中变量选取不全面造成的遗漏变量问题会产生内生性问题，公司的分红政策也可能会吸引机构投资者持股，两者存在互为因果的关系，为控制其影响，我们选取机构投资者持股比例（Institution）的滞后项按工具变量进行两阶段回归（2SLS），解决内生性问题。考虑使用Institution的滞后项作为工具变量，表8-8的相关分析反映了外生变量和内生变量之间的相关性。选取的滞后期的工具变量与机构投资者持股比例（Institution）均在1%的水平上显著为正，故满足相关性原则。且没有证据表明上市公司机构投资者持股比例滞后三期以上会影响本期的现金分红水平，因此一定程度上可以满足外生性原则。

表8-8　　　　　　　　　　工具变量相关性分析

variables	Institution	L3. Institution	L4. Institution	L6. Institution	L7. Institution
Institution	1				
L3. Institution	0.3790***	1			

variables	Institution	L3. Institution	L4. Institution	L6. Institution	L7. Institution
L4. Institution	0. 3181 ***	0. 6569 ***	1		
L6Institution	0. 2434 ***	0. 4335 ***	0. 5400 ***	1	
L7. Institution	0. 2171 ***	0. 3589 ***	0. 4469 ***	0. 7094 ***	1

注：*** 表示在 1% 的水平上显著。

经过测试，采用 Institution 的滞后三期和滞后四期项作为工具变量，结果如表 8 - 9 所示。从表中第（1）、第（2）和第（3）列可以看出，机构投资者持股比例（Institution）与现金分红水平的三个指标均在 1% 的水平上显著为正，与表 8 - 6 的回归结果基本能够保持一致，证明了这一结果具有良好的稳健性。

表 8 - 9 工具变量回归结果

variables	（1）Tobit	（2）Tobit	（3）Probit
	Dps	Payout	Divtrend
Institution	2. 05721 ***	2. 52531 ***	8. 18220 ***
	(7. 72)	(6. 37)	(7. 53)
Sh1	0. 13447 ***	0. 50644 ***	0. 83728 ***
	(7. 09)	(10. 91)	(6. 92)
Lev	- 0. 23357 ***	- 0. 25457 ***	- 2. 08367 ***
	(- 15. 79)	(- 6. 91)	(- 21. 41)
Roe	1. 15212 ***	- 3. 21887 ***	6. 34055 ***
	(32. 63)	(- 56. 39)	(26. 39)
Size	0. 03246 ***	0. 02391 ***	0. 37484 ***
	(9. 00)	(3. 27)	(18. 73)
Cps	0. 02847 ***	0. 04955 ***	0. 01623
	(8. 86)	(5. 67)	(0. 68)

variables	(1) Tobit	(2) Tobit	(3) Probit
	Dps	Payout	Divtrend
Growth	-0.03252 *** (-6.73)	-0.12046 *** (-9.09)	-0.22821 *** (-7.48)
Herf	0.00046 *** (2.99)	-0.00048 (-1.45)	0.00053 (0.63)
_cons	-0.81076 *** (-12.17)	-0.17918 (-1.25)	-7.91305 *** (-20.21)
N	4 997	8 661	8 661
Wald chi2	2 857.91 ***	3 930.32 ***	1 767.89 ***

注：*** 表示在 1% 的水平上显著，括号内为 t 值。

(二) 考虑"半强制分红政策"的影响

2008 年 10 月 9 日起施行的《关于修改上市公司现金分红若干规定的决定》，要求"最近三年以现金方式累计分配的利润不少于最近三年实现的年均可分配利润的 30%""同时应当以列表方式明确披露公司前三年现金分红的数额、与净利润的比率"。为控制外生政策冲击的影响，我们以 2008 年作为时间分割点，设置"半强制分红政策"（Regulation）虚拟变量，2008 年及以后年份，取 Regulation 为 1，其他年份取 0。回归结果如表 8 - 10 所示。第（1）列和第（3）列显示，考虑政策影响以后，机构投资者持股比例（Institution）与现金分红水平（Dps）、股利支付率（Payout）、分红倾向（Divtrend）依然在 1% 的水平上显著为正，说明总体上无论是否受到"半强制分红政策"影响，机构投资者持股对上市公司的分红水平都有积极的促进作用。第（4）列结果显示 Institution 的系数为 0.42084，且在 5% 的水平上显著，说明在考虑政策影响以后机构投资者依然能够促进上市公司增加分红。表 8 - 10 的回归结果说明，在控制了《决定》（2008）的影响以后，机构投资者持股对上市公司的分红行为依然具有积极的影响。

表 8 – 10　　　　　　　　　　"半强制分红政策"影响的回归结果

variables	（1）Tobit	（2）Tobit	（3）Probit	（4）Probit
	Dps	Payout	Divtrend	Increase
Institution	0. 13178 ***	0. 50967 ***	1. 59770 ***	0. 42084 **
	（5. 68）	（6. 19）	（6. 98）	（2. 12）
Sh1	0. 18640 ***	0. 44410 ***	1. 21711 ***	0. 17937 ***
	（24. 35）	（16. 45）	（16. 25）	（2. 75）
Regulation	− 0. 01432 ***	− 0. 02352 **	− 0. 23627 ***	− 0. 09846 ***
	（ − 5. 18）	（ − 2. 44）	（ − 9. 36）	（ − 4. 19）
Herf	− 0. 00066 ***	− 0. 00121 ***	− 0. 00409 ***	− 0. 00047
	（ − 12. 21）	（ − 6. 61）	（ − 8. 62）	（ − 1. 04）
Growth	− 0. 02258 ***	− 0. 08285 ***	− 0. 19600 ***	0. 02294
	（ − 9. 96）	（ − 10. 20）	（ − 9. 98）	（1. 24）
Lev	− 0. 32033 ***	− 0. 32178 ***	− 2. 35927 ***	− 0. 69070 ***
	（ − 48. 45）	（ − 14. 10）	（ − 37. 45）	（ − 12. 57）
Roe	1. 13191 ***	− 3. 05832 ***	6. 58858 ***	3. 40255 ***
	（63. 73）	（ − 88. 11）	（41. 25）	（25. 02）
Size	0. 04052 ***	0. 04224 ***	0. 36439 ***	0. 18344 ***
	（34. 78）	（10. 44）	（31. 43）	（18. 68）
Cps	0. 04226 ***	0. 05909 ***	0. 05602 ***	0. 06577 ***
	（26. 86）	（10. 59）	（3. 54）	（4. 88）
_cons	− 0. 85255 ***	− 0. 43000 ***	− 7. 22368 ***	− 4. 48137 ***
	（ − 35. 67）	（ − 5. 20）	（ − 30. 44）	（ − 22. 27）
N	19 784	19 784	19 784	19 784
LR chi2	11 397. 77	7 253. 22	6 524. 39	1 953. 87

注：**、***分别表示在5%和1%的水平上显著，括号内为 t 值。

本章以 2005 ~ 2018 年我国 A 股上市公司为研究样本，实证考察了机构投资者对上市公司代理问题和公司股利政策的影响。实证结果表明，（1）机构投资者和第一大控股股东均会缓解公司的两类代理成本问题，即机构投资者和第一大股东持股比例越高，公司的管理费用率和其他应收款比率越低，发挥了"积极投资者"的作用。（2）机构投资者对上市公司的股利政策起到积极的影响，具体表现是机构投资者促进、提高了上市公司现金分红水平，增加了股利支付率。第一大控股股东增加了对上市公司的现金分红倾向，提高了上市公司的分红水平。（3）机构投资者和大股东持股比例越高，上市公司越会"增加现金分红"行为。同时，研究发现机构投资者与股东之间不存在"合谋"行为，不会出现通过股利政策对上市公司进行"掏空"的行为。

应继续大力发展机构投资者，鼓励机构投资者积极参与公司治理，有效发挥其监督与治理作用；加强法律法规建设，保护机构投资者的合法权益，为机构投资者提供一个公平合理的投资环境；健全完善机构投资者的保护机制，以充分发挥其"股东积极主义"，引导机构投资者之间、机构投资者与公司大股东之间相互监督，促进信息共享，有效缓解公司的代理问题，提升公司价值。

第九章
上市公司股利政策的优化机制

在前述各章中，我们已经通过理论分析和实证分析检验了系列"半强制分红政策"、股息红利税政策调整等政策动因、实施效果以及存在的问题，从代理问题变迁的角度分析了在公司现金分红决策中控股股东、高管、机构投资者等治理角色。通过这些研究，发现了我国外部分红监管政策、内部治理机制在股利分配决策中运行的规律和作用机制，为我们的研究提供了坚实的理论基础和经验证据。在我国目前转轨的制度背景下，上市公司股利分配决策的政府监管介入是必要的，理顺内部分红的治理机制尤为重要，两者不可偏废。因此，我们力图从"外部监管与企业内部财务特征的对接、高管报酬的内在联动、控股股东的良性互动、机构投资者的监督治理"四个维度构建我国上市公司股利分配政策的优化机制。

第一节 上市公司股利政策优化机制设计

一、优化机制产生的必然

（一）上市公司股利政策不合理

伴随着我国资本市场的产生、发展和不断完善，上市公司的分红实践经历了20多年，上市公司的分红政策从无到有，一直在不断地规范完善，上市公司股利政策实践的各个阶段也暴露出许多弊病和问题。上市公司股利政策直接关系到投资者利益，关系到公司的可持续发展，分红决策问题越来越受到监管部门、学术界、企业界的密切关注。20世纪90年代，上市公司普遍重视"送股转增"，轻视派现，"铁公鸡""一毛不拔"现象普遍存在。2000年前后频繁出现大额派现、超能力派现等现象，分红成为控股股东谋取私利的工具（韩德宗和叶春华，2004；李增福，2004；蒋国洲，2005；Minjung，2014），但分红决策缺乏连续性和稳定性。随着全流通和市场化机制的推进、证监会等政府监管部门的推动，提高了上市公司和投资者对上市公司股利分配政策的关注，越来越多的上市公司积极派发现金股利。

但是，我国上市公司的现金分红仍然存在一些弊病。何基报（2011）实证结果表明，我国上市公司现金分红占比高于发达国家和新兴市场，但是股息率、股利支付率、股利现金流比率却远低于发达国家，有些甚至低于新兴市场国家。2005~2010年，我国上市公司的平均股息率是0.72%，美国、英国等发达国家的平均股息率分别为2.36%和2.29%，新加坡、巴西、韩国分别为3.25%、2.79%和1.42%。这说明我国许多上市公司的现金分红意愿只是"意思一下"；现金分红实施的结果是"雷声大、雨点小"；现金分红的连续性和稳定性也远低于发达国家和新兴市场平均水平，且非连续派现公司给公司价值带来了较强的冲击效应（王小泳等，2014）；从现金分红结构来看，我国上市公司现金分红存在的弊端是"行业倒置、板块倒置、代际倒置"。

（二）现金分红内部治理机制不完善

我国上市公司股利分配政策的内部治理机制存在诸多问题。一是控股股东"一股独大"，股权结构设计不合理，有些上市公司的大股东滥用控制权通过现金股利进行利益输送，损害了中小投资者和机构投资者的利益（Jiang et al.，2010；罗琦和胡志强，2011）。二是国有上市公司存在所有者缺位和产权虚置，民营上市公司没有真正建立起高管权力监督制衡机制，这些缺陷使高管有机会通过影响上市公司现金分红来谋取自身利益。在我国，高管权力与上市公司现金股利政策显著负相关（郭红彩，2013）。三是我国上市公司还没有建立起规范有序的内部分红决策机制，投资者对现金分红的合理诉求没有畅通的表达渠道，中小投资者和机构投资者在股利内部决策中没有话语权，而公司高管、大股东掌握了股利政策的绝对话语权。所以，不分红、低分红、超能力派现等非理性分红现象频繁出现（袁天荣等，2014）。

（三）现金分红外部监管乏力

本书通过实证研究验证了我国系列"半强制分红政策"虽然引导了现金分红文化的建立，但是上市公司股利政策外部监管显得乏力，分红外部监管存在的问题开始逐渐显露。这些问题主要表现在：一是分红监管存在盲区。将分红与再融资资格挂钩的政策，受到约束的是有股权融资需求的上市公司，对那些没有股权融资需求的上市公司缺乏约束力，对其分红政策影响不大。二是存在分红迎合监管。目前的分红监管政策包括《办法》（2001）、《规定》（2004）、《办法》（2006）、《决定》（2008）等制定的强制分红要求都是以上市公司"最近三年"的现金分红为依据，股权融资完成后的公司却在分红方面没有要求。这就促使一些上市公司为满足股权再融资要求而分红，产生迎合监管分红。再融资后是否继续坚持分红存在不确定性。三是存在分红监管悖论。分红监管政策严格规定股权再融资的先决条件是公司必须进行现金分红，迫使那些有融资需求的上市公司被迫进行现金分红，进一步加剧了这些公司陷入财务困境，不利于这些公司的发展。

（四）现金分红外部监管与内部治理结合的必要

公共利益管制理论是政府监管的理论基础。公共利益管制理论认为，市场经济的基础是效率和公平，市场自由运行的内在缺陷是缺乏效率和不公平。政府介入上市公司的分红监管是对效率和社会公平的合理诉求，政府分红监管能够优化社会福利的分配，实现社会福利最优化，单纯依赖市场机制形成的分红机制难以解决我国的分红难题。所以，上市公司分红的政府监管克服了市场功能的固有缺陷，满足了中小投资者、金融中介等上市公司分红的合理诉求。因此，我国证监会、财政部、国资委等监管部门实施的对国有企业、上市公司的现金分红监管政策符合公共利益管制理论。

建立上市公司股利政策外部监管与内部治理优化机制的条件在我国已经成熟。李常青等（2010）、皮海洲（2011）、展凯等（2012）认为，我国目前的系列"半强制分红政策"与"股息红利税政策"割裂了外部监管与内部治理之间的内在联系，存在的弊端正在逐渐显露。但是分红政策的屡次出台与调整使得投资者、管理层等对股利政策愈加重视。上市公司股利监管政策有效引导了现金分红文化的建立与形成。现金分红属于公司内部的财务决策，仅仅依靠政府的外部监管很难达到预期目的，关键的核心是理顺公司内部现金分红机制。所以，解决现金分红难题的关键是，以外部监管引导形成公司内部分红决策制衡机制。近年来，股份全流通基本实现了控股股东与中小股东利益的一致，我国上市公司股权激励办法的实施使高管激励更加普及，机构投资者在公司治理中的作用越来越大，在股利政策中越来越有话语权。这些都说明控股股东、高管、机构投资者是推动和完善股利政策治理机制的重要力量，他们将在股利政策决策中发挥越来越大的作用（余瑶等，2015；王彩萍和李善民，2011）。

外部宏观监管与内部微观治理是影响公司股利决策的重要力量。特别是在我国转轨经济背景下，相关分红监管政策与上市公司内部治理机制深刻影响我国上市公司的现金分红决策。目前我国的股利政策是重视外部监管，忽视内部治理机制，"半强制分红政策"割裂了外部监管与内部治理机制的内在关系，无法从根本上解决我国上市公司现金分红难题。所以，最佳的策略是从现金分红的外部监管与内部治理耦合的视角解决上市公司股利政策难题。

二、优化机制实施的关键

我们认为，上市公司现金分红优化机制建立的关键，是将现金分红的外部监管与内部治理机制相结合，通过外部监管的适度介入，引导上市公司结合自身行业特点、未来投资机会、生命周期、公司财务特征等，建立科学的现金分红规划和现金分红决策；引导上市公司高管、控股股东、机构投资者等行为主体在股利决策中充分发挥积极作用。本书构建的优化机制框架是外部监管与公司财务特征的"对接融合机制"、高管报酬契约与股利政策的"内在联动机制"、控股股东行为监管与股利政策的"良性互动机制"、机构投资者在股利政策中的"监督治理机制"。

（一）外部监管与公司微观特征的"对接融合机制"

公司现金分红决策属于企业财务决策之一。目前，外部分红监管政策基本上没有考虑企业的行业特征与发展前景，没有考虑企业的盈利能力与财务状况，"一刀切"式的监管可能掩盖监管中的缺陷和问题。现有的系列"半强制分红政策"硬性将分红作为再融资的附加条件，存在"监管悖论"。上市公司股利决策中出现的"板块倒置""行业倒置"等现象说明现在的分红决策没有考虑企业微观财务特征，没有抓住解决分红问题的关键。我们认为，制定分红政策应该以优化资源配置作为出发点，政府分红监管政策应该更好地与上市公司微观财务特征耦合，更好地结合公司财务特征制定现金分红监管政策。

1. 应结合公司的行业特征制定分红外部监管政策

同一行业公司的财务政策具有相似性。同一行业的上市公司，由于市场竞争环境、经营模式、产品生产过程、行业生命周期基本相同，往往会选择相似的财务政策包括现金分红政策。上市公司选择股利政策的重要因素是行业，上市公司制定股利政策时通常会参考同行业的情况。黄娟娟（2009）研究的实证结果显示我国上市公司现金分红存在"群聚"现象，分红政策存在行业趋同。

上市公司在进行现金分红决策时必须考虑行业因素。政府监管部门在制定分红监管政策时也应该考虑行业特征和行业差异，改变"一刀切"式的监管方式。公司所在的行业不同，其经营模式、竞争程度、投资决策、盈利能力等存在很大差别，这也决定了它们的财务决策包括现金分红决策也会有所不同（张继勋和刘文欢，2014；卓德保等，2014）。因此，杨宝（2014）研究认为，证券监管部门应该制定公司的利润分配政策，制定出台"分行业的现金分红操作规范"。例如，成熟型的行业包括金融业、传统制造业、酒类企业等应采用股息率相对较高的固定股利政策；成长型的行业如战略性新兴产业的上市公司可以采用股息率相对较低的剩余股利政策。证券监管部门通过这些细化、具体化的现金分红操作指引来引导上市公司结合本行业特点制定分红规划和分红政策。

2. 应结合企业生命周期特征制定分红外部监管政策

公司的盈利能力、投资机会、现金流量等会对股利政策产生重大影响。这些因素在公司生命周期的不同阶段会有不同的表现。处于成长期的公司，公司发展迅速，投资机会多，对资金的需求量大，这时公司会支付较少的股利而留存更多利润用于投资。处于成熟期的公司，盈利能力强，利润多，现金流量充沛，此时公司会支付较多的现金股利，有的企业还进行股票回购。

格鲁隆（Grullon，2002）等、德安杰洛（DeAngelo，2006）等根据这种现象提出了股利政策的生命周期理论。现金分红政策随着生命周期的不同呈现出较大差异。成长期的企业一般不支付或支付较少的现金股利；成熟期的企业一般会支付较多的现金股利。股利政策的生命周期理论得到了实证研究的证实（卢雁影等，2017；罗琦等，2017）。所以，我们建议上市公司股利政策的监管应该结合企业生命周期特征，建议相关部门出台"基于企业生命周期的现金分红操作指引"，在指引中明确企业生命周期的划分标准、各个生命周期阶段分红比例的参考等，比如可以将"留存收益÷总资产"、营业收入增长率、净利润增长率等作为划分企业生命周期的可操作标准；对于初创期、成长期的企业，年股利支付率应不高于15%，成熟期企业年股利支付率应不低于30%。此外，"指引"还应要求上市公司对本企业所处生命周期及分红比例的合理性做出信息披露。

3. 应结合公司财务特征制定分红外部监管政策

（1）考虑公司的股权结构特征。上市公司股权结构不同，派发现金股利的目的和动机也不同。"超能力派现"往往是股权过度集中公司的股利政策，其动机是大股东为了套取现金。所以，外部监管需要通过必要的机制降低过度集中公司的股权，遏制通过现金分红套现实施"利益输送"的动机。

（2）考虑公司的现金流状况。有些上市公司的现金流非常紧张，进行现金分红不太现实；有些公司的现金流充沛而多年来"一毛不拔"。所以，政府监管部门应对上市公司现金流实施动态监测，以作为分红合理与否的重要标准（郭慧婷等，2011；周冬华和赵玉洁，2014；刘银国等，2016）。杨宝（2014）通过研究建议相关部门编制并发布"上市公司分红指数排行榜"，将现金分红与企业财务指标联系起来构建分红指数，通过分红指数来引导上市公司结合行业特征和自身财务特征，制订科学合理的利润分配方案。可以考虑选择股利现金流比率（每股股利÷每股经营现金流）、股息率（每股股利÷每股市价）、股息净资产比率（每股股利÷每股净资产）等指标作为构建现金分红指数的核心财务指标。

（二）高管报酬契约与股利政策的"内在联动机制"

通过外部分红监管政策的引导，将上市公司现金分红与高管薪酬激励相关联，把现金分红水平作为考察高管业绩的一个重要指标，这会促使高管站在公司长远发展角度、站在股东利益角度进行股利分配决策，有利于公司形成稳定的利润分配政策，提高总体分红水平，保护投资者利益。为此，我们建议：

1. 建立高管收入与股利政策的有机联系

我们建议将股利分配政策条款加入公司高管货币薪酬契约中，建立起高管收入与股利分配政策之间的内在联系。由于我国总体股息率偏低，将高管收入与现金分红政策绑定在一起，有助于提高高管分红的积极性。例如，将现金分红政策与高管薪酬激励关联，规定上市公司本年度不分红或分红低于以往年度，则高管应该减薪；股息率低于同期银行定期存款利率，则当年高管也不该加薪；连续 3 年公司的股息率高于银行存款利率，则高管收入也应获得一定的增加。设计这样的薪酬契约条款是基于高管薪酬与股利分配政策都属于财务分配的内容，具有同源性，本身就应该同增共减。

2. 引导建立高管股权激励与股利政策的有机联系

2006 年以来，证监会、国资委、财政部等部门陆续发布了《上市公司股权激励管理办法（试行）》《国有控股上市公司（境内）实施股权激励试行办法》等文件，高管股权激励备受重视，很多上市公司迅速推出高管股权激励计划。引导上市公司建立高管股权激励与现金分红政策之间的有机联系，将与现金分红相关的条款加入公司股权激励计划中，建立现金分红与公司高管股权激励之间内在联系的时机已经成熟。

我们建议政府监管部门通过修订现行的《上市公司股权激励管理办法（试行）》，将现金分红政策作为高管股权激励的一个重要的行权条件，纳入股权激励管理办法之中，引导上市公司董事会在拟订高管股权激励计划草案时重视公司的现金分红水平。杨宝（2014）的研究表明，应该将前三年股利支付率、股息率、股利现金流比率等现金分红相关指标，作为激励对象获取限制性股票、股票期权的条件；也可将现金分红承诺、分红规划的制定与实施情况作为上市公司高管股权激励行权条件的指标。

3. 采取监管措施缓解在职消费对股利政策的不利影响

我国的在职消费造成了资源的极大浪费，在职消费与现金分红都是公司的现金支出，会增加公司的现金支付压力。2012 年中央政治局会议上审议通过了改进工作作风、厉行勤俭节约的"八项规定"。根据"八项规定"的监管要求，政府监管部门应采取得力的监管措施，遏制过度在职消费，缓解在职消费对上市公司现金分红政策的不利影响。

我们建议，应该强制要求上市公司披露现金分红与管理费用的比率（即现金股利÷管理费用），该比率如果过低，说明上市公司现金分红不足，而在职消费可能过度。再进一步要求其披露业务招待费、出国培训费、办公费、差旅费、通信费、会议费、董事会费、小车费等八项明细费用，敦促上市公司厉行节约、精打细算，严格控制在职消费。

（三）控股股东行为监管与股利政策的"良性互动机制"

全流通基本实现了控股股东与中小股东利益的一致，使得控股股东侵占中小股东利益的机会主义行为大大减少。本书前述的实证研究结果表明，全流通后控股股东在股利政策中的角色逐步从利益侵占向利益共享转变，控股股东在股利政策中的良性治理作用逐步显现。因此，应通过政府监管引导控股股东在股利政策中发挥积极作用，提高总体分红水平，保障投资者利益。为此，我们建议：

1. 将分红监管与控股股东"掏空"行为的监管并行

由于控股股东的关联交易、资金占用等掏空行为，严重损害了其他股东利益，影响公司的现金分红能力。因此，我们建议：（1）加强和严格规范上市公司的信息披露行为，上市公司与控股股东之间的所有关联交易、往来款项占用等信息必须及时、详细披露，严格禁止选择性披露和虚假披露。（2）加大监管力度，严格监管上市公司与控股股东之间的关联交易、内部交易、市场操纵、并购重组行为。（3）对控股股东的违法行为必须加大处罚力度，提高控股股东的违法成本。

2. 强化控股股东在股利分配决策中的治理作用

为了真正发挥控股股东在现金分红决策中的积极作用，我们建议将控股股东在上市公司利润分配政策中的治理地位和角色，通过《公司法》或《公司治理准则》等进一步界定和明确。

（1）拓宽控股股东否决公司现金分红方案的渠道。鼓励控股股东认真履行职责，积极行使股东权力，重视对投资者的回报，制订积极的现金分红方案。如果认为股利分配政策预案不合理、可能有损于中小股东利益等，应该直接向证券交易所、证监会、国资委等监管部门提出书面意见。

（2）强化控股股东对现金分红方案的修订权。对于现金分红方案不合理或现金分红方案不利于保护中小投资者利益的情况，应该赋予单独或合并持有公司5%及以上股份的股东提请召开临时股东大会的权利，并提出现金分红的修订方案。

（3）加强控股股东对管理层的制衡。祝继高和王春飞（2012）认为控股股东不一定能有效控制管理层，而郭红彩（2013）的研究显示管理层权力对上市公司股利分配政策有负面影响。我们建议在大股东相对控股的企业中，应该建立和完善大股东对管理层权力的内部制衡机制，如限制 CEO 与董事长两职合一、赋予控股股东更多的董事提名权、董事会下设利润分配决策委员会等。

（4）遏制控股股东在分红决策中的机会主义行为。在强化控股股东现金分红治理作用的同时，仍然需要监管那些有"超能力派现"等非理性分红行为的公司。我们建议：①出台"上市公司现金分红信息披露细则"，严格规范现金分红方案的决策程序、分红规模、分红比例、分红对未来经营的影响、控股股东本次分红数额、是否有利于保护中小股东利益等信息的披露。信息披露促使市场各方主体严格监督控股股东的行为，有效遏制其在分红决策中的机会主义行为。②在股权再融资中实施一票否决制。在股权再融资条款中，严格规定对于涉嫌控股股东通过"超能力派现"进行套现的上市公司实施一票否决，坚决扼杀控股股东"边派现、边融资"的提款行为。③在《公司治理准则》中应建立监事会、独立董事对控股股东行为进行制衡的机制。独立董事应该关注现金分红方案的合理性，并对是否涉嫌大股东套现发表独立意见。监事会应审视公司现金分红决策程序的合规性和科学性，以及信息披露的充分性。

（四）机构投资者在股利政策中的"监督治理机制"

目前我国已形成证券投资基金、券商、QFII、保险基金、社保基金、企业年金等多元化的机构投资者格局，机构投资者迅速增加，机构投资者持股规模得到了飞跃式扩大，机构投资者在公司中的话语权不断提升，并开始在公司中扮演"积极投资者的角色"。大力发展、壮大机构投资者有利于提高总体分红水平，遏制不分红或"过度分红"，保护中小投资者权益。为此，我们建议：

1. 提高机构投资者在股利分配决策中的影响力

（1）建议修订《证券投资基金运作管理办法》，适度放宽对基金持股比例的限制。建议将"同一基金持有一家上市公司证券的比例，不得超过该证券的10%"的监管明线提升到持股 20%，甚至更多。通过提高机构投资者的持股比例，加强机构投资者对高管、大股东的监督制衡能力。（2）增加长期机构投资者的持股比例，优化机构投资者结构。本书研究验证了长期性的机构投资者如社保基金、保险基金等对股利政策具有更加积极的影响。美国的经验也验证了长期性的机构投资者如保险基金、养老基金等在公司的监督治理中发挥了积极作用。我国应有计划、有步骤地引入并提高保险基金、社保基金、养老基金等长期性机构投资者的比例，改变上市公司的投资者结构，增加股权结构的稳定性。(3) 适当降低门槛，引入更多的合格境外机构投资者（QFII），提高我国资本市场总体分红水平。在成熟资本市场中，上市公司的股利政策已经非常成熟和稳定，股利政策与公司价值的相关性更加显著。QFII 的引入，有助于改进和完善上市公司的股利分配政策。另外，由于信息不对称，QFII 会要求上市公司支付更高的现金分红以降低代理成本。

2. 提升机构投资者在分红决策中的话语权

(1) 建立机构投资者对股利政策方案的论证质疑机制。证监会等监管部门应该创造条件，采取措施，让机构投资者参与到公司股利政策预案的讨论与论证中。证监会可以规定，上市公司应召开股利政策预案说明会，邀请机构投资者股东代表参与讨论与论证，并质疑不合理的分配预案。股利政策预案说明会有利于进一步完善股利分配方案，保护投资各方利益。(2) 强化机构投资者的"一致行动"机制。通过建立相关的监管规则，积极倡导机构投资者在股利分配活动中联手成为"一致行动"人，对上市公司股利分配方案发出共同的声音，提高机构投资者在利润分配决策中的话语权。(3) 强化机构投资者"征集代理权"机制。可在《公司法》或《公司治理准则》等法规中，允许机构投资者征集投票代理权，强化机构投资者在现金分红决策中的话语权。(4) 尝试实施股利政策方案的类别股东表决制度。上市公司的年度分红方案，需要各类股东分别审议通过，才可获得通过。这样就可以充分发挥机构投资者、中小投资者股利政策决策中的话语权。

第二节　上市公司股利政策优化机制的支撑体系与运行思路

顺利实施上市公司股利政策外部监管与内部治理优化机制，必须要建立相应的支撑体系和运行思路。本书为此提出以下设想。

一、上市公司股利政策优化机制的支撑体系

上市公司股利政策优化机制的支撑体系主要包括以下方面：

1. 推进与实施股利分配政策的监管规则

《公司法》《公司治理准则》《上市公司股权激励管理办法》《证券投资基金管理暂行办法》《关于保险机构投资者股票投资交易有关问题的通知》《合格境外机构投资者（QFII）境内证券投资管理办法》等监管法规的修订完善，有利于充分发挥上市公司控股股东、高管、机构投资者在股利分配决策中的积极治理作用。证监会等监管部门需要进一步落实和细化现有的上市公司股利政策方面的监管法规，并建议证监会等部门适时出台上市公司股利政策分行业操作指引、基于生命周期的上市公司股利政策操作指引等监管规则。应该将上市公司股利政策决策优化、投资者分红权益保护与红利税政策调整相结合。我们建议，监管部门在未来可根据资本市场情况取消个人投资者股息红利税，以便真正提高投资者的投资回报。

2. 规范与完善利润分配信息披露

信息披露作为一种约束机制，能有效降低内部人与外部人之间的信息不对称，减少内部人的机会主义行为。规范与完善现金分红信息披露有利于保证分红决策程序的科学性、分红方案的合理性。《上海证券交易所上市公司现金分红指引》规定："上市公司应该在年报的董事会报告中披露现金分红政策的制定及实施情况。"该规定没有对现金分红信息披露的具体内容、分红依据、决策程序等进行明确的规定和要求。我们建议证监会应该对上市公司年度股利分配方案的决策程序、利润分配方案的内容、利润分配方案的依据、现金分红的连续性和稳定性、现金分红可能的财务影响等做出详细说明，尽快出台"上市公司利润分配政策信息披露规范"，严格规范和约束上市公司的利润分配行为。

3. 理顺与运行利润分配决策机制

利润分配决策直接影响公司的短期利益和长远发展，直接影响不同类型股

东的利益，利润分配政策的制定过程也是不同类型股东利益博弈的过程，建立利润分配决策机制是均衡现金分红主体利益的关键。因此，需要约束与制衡高管、控股股东在利润分配决策中的权力，进一步强化与提升机构投资者、中小股东在利润分配中的话语权。所以，证券监管部门需要通过法规监管重塑上市公司利润分配权力的约束机制、制衡机制等内部治理机制；需要通过将股利分配政策与高管激励机制"绑定"等引导机制，引导利益主体在股利分配决策中利益取向的一致性。

4. 媒体监督适度介入利润分配决策

媒体报道迅速提高了事件的关注度和影响力，充分发挥着声誉机制的制约作用，新闻媒体充当了激活企业内部治理机制的角色。新闻媒体的负面报道有助于投资者利益的保护，充分发挥新闻媒体如报纸、网络、微博等对利润分配的舆论监督作用至关重要。为此，我们建议：一是建立上市公司利润分配信息披露的主流平台，证监会、交易所等监管部门网站平台可以作为主流平台，披露所有上市公司的利润分配信息，曝光一些典型不良现金分红案例，编制并披露"上市公司现金分红指数排行榜"。二是建立上市公司利润分配信息披露的辅助平台，以金融界、和讯网、全景网等主流财经网站、上市公司主页、微博、微信等作为利润分配信息披露的平台，披露分行业、分板块的现金分红信息，也可以提供股利政策决策过程的详尽信息。

二、上市公司股利政策优化机制的运行思路

（一）上市公司股利政策优化机制的运行目标

根据我国的现实情况，借鉴国外利润分配管制的先进经验，我国上市公司股利政策优化机制的运行目标应该是，利润分配行为从"强制管制—相机管制—自发理性"的逐步转变。

巴西、新加坡、韩国、智利等新兴经济国家，普遍采用的是强制现金分红政策，因为这些国家上市公司股利政策的内部治理机制不完善，现金分红文化

还不成熟。我国处于经济转轨时期，"强制监管"应该作为规范上市公司股利政策的起点，通过强制监管唤醒资本市场、上市公司重视现金分红和分红文化的建设，逐渐引导形成公司的分红文化。然后采用"分红文化"逐渐取代"强制管制"。随着分红文化的成熟，强制监管完全退出，实施以"相机管制"为特征的"半强制监管"。"相机管制"的重点是有针对性地监管和纠正非理性现金分红行为，监管对象是该分红而不分红的"铁公鸡"、不该分红而分红的"超能力派现"、分红的行业倒置、生命周期倒置的公司等。上市公司现金分红通过经历"强制管制""相机管制"阶段后，就形成了长期稳定的分红文化，理顺了现金分红的内部治理机制，实现了"自发理性"的现金分红行为目标，政府就会自然退出对上市公司现金分红的管制。

（二）上市公司股利政策优化机制的实施思路

根据前文的分析研究，我们认为，上市公司股利政策外部监管与内部治理优化机制的实施思路是，短期以外部监管为主导，监管规则尽量细化和具有一定程度的强制性；中期以外部监管引导分红内部治理；最终待上市公司内部治理理顺后外部监管逐步"淡出"。

具体来说，首先，证监会等监管部门应该充分调研，发现问题，提出对策。在现阶段，监管部门应该出台并实施详细、量化、强制性的上市公司股利分配监管规则，敦促上市公司制定稳定合理的股利分配政策，以强化股利分配政策的连续性和稳定性，提高上市公司总体现金分红水平，提倡并形成上市公司成熟的"分红文化"。其次，应该将股利政策外部监管的重点转向理顺上市公司的内部治理机制。以《公司法》《公司治理准则》、高管激励制度、机构投资者培育制度等为抓手，重塑上市公司股利政策决策的约束与制衡机制，引导公司高管、控股股东、机构投资者在股利政策决策中扮演积极角色。最后，上市公司理顺了公司治理机制，形成了成熟的分红文化，监管部门完善了股息红利税收制度、投资者保护制度等。随着这些内外部条件的成熟，上市公司股利政策的外部监管就可以"淡出"。

第三节 研究结论与启示

本书从政府的外部监管与公司内部治理的独特视角来研究其对股利政策的影响，构建了上市公司股利政策外部监管与内部治理"双管齐下"的优化机制。首先，立足于"半强制分红政策"、股息红利税收政策、高管薪酬激励、控股股东代理问题、机构投资者持股等制度变迁，以政府管制理论、利益相关者理论等为基础，系统深入研究了我国上市股利政策的现状、制度影响因素及其影响机理。其次，采用实证研究方法，研究了外部监管变迁、内部治理机制变迁对我国上市公司股利政策的影响，并获取了影响的经验证据。最后，基于影响机理和经验证据，创新性地提出了我国上市公司股利政策的外部监管与内部治理优化机制。现将本书主要研究结论与启示总结如下：

（1）我国上市公司股利分配政策的外部政府监管具有现实合理性，监管政策对"现金股利增加"起到了正向影响，"适度强制"是必要的，外部监管应与公司内部治理机制"对接"。

在"半强制分红政策"背景下，股权再融资（SEO）上市公司的现金分红水平并未发生明显变化，但是为了达到"监管明线"的要求，其会选择发放股票股利；非股权再融资（非SEO）上市公司在半强制分红监管背景下积极派发现金股利，而且监管政策对"现金股利增加"起到了正面积极的作用。上述研究结果说明，我国实施的系列"半强制分红政策"存在明显的不完备性和"监管悖论"，而且引起了业内的高度重视和广泛研究。但是在我国资本市场"铁公鸡"众多以及现金分红水平低的背景下，数次调整和补充完善"半强制分红政策"确实起到了引导、提倡形成公司分红文化的作用。从这一角度来说，我国实施的"半强制分红政策"未来依然有其存在的价值，但需要尽快优化其监管政策设计。

（2）股息红利税政策调整对我国上市公司股利分配政策具有一定的影响效应，并没有改变税负不公以及消除股息收入重复征税的现象，未来我国股息红利税政策调整应秉承"让利于投资者"的宗旨，甚至可以取消股息红利税。

第一，实证研究结果表明，2013 年股息红利税"差别化征收"政策对股利政策影响较为积极，有潜在融资需求的上市公司会对其做出理性的回应，该类公司并不会因为股息红利税的"差别化征收"而提高公司的现金分红水平。第二，事件研究法表明，市场对 2012 年股息红利税"差别化征收"政策的颁布反应表现出从"期望"到"失望"的转变。分红预期越高、分红能力越强的上市公司对股息红利税"差别化征收"政策反应越消极；此外，流通股比例越高的上市公司市场反应越消极。这一研究结论似乎很难让人理解，我们对此可能的解释是：①考虑到股息红利税"差别化征收"政策的出台背景，此次股息红利税政策调整力度比预期的要低。广大投资者以及新闻媒体都呼吁减免股息红利税，且 2010 年两会期间证监会高层也提议减免股息红利税，而 2012 年 11 月 16 日政策具体出台之后，调整力度却低于预期。②从资本市场投资者结构来看，本次股息红利税调整难以达到预期效果。主要是由于我国资本市场上散户投资者占比较大，他们更加偏好短期炒作，而此次政策调整对于那些持股不到 1 个月的投资者来讲无疑增加了股息红利税负，因为相对于 2005 年的股息红利税"减半征收"政策，对于持股短于 1 个月的投资者征收 20% 的股息红利税率带有一定的惩罚性质。

（3）健全企业股利分配内部治理是理顺我国上市公司股利分配政策的关键。本书主要研究了公司高管、控股股东、机构投资者三大内部治理主体在股利分配决策中的治理作用与角色定位。得出的经验证据表明，高管激励契约的设计、股份全流通后控股股东利益取向的变化、机构投资者的积极介入对我国上市公司股利分配政策都产生了极大的影响。例如，高管报酬的结构设计对现金分红决策有联动作用；股份全流通后，控股股东在现金分红决策中逐渐从"利益侵占"向"利益共享"转变，控股股东与中小股东的利益渐趋一致；随着机构投资者规模的扩大、持股比例的增加，机构投资者成为影响股利政策的重要力量，在分红决策中发挥了积极的治理作用。因此，应寻求适当的外部监管政策引导高管、控股股东、机构投资者在股利分配决策中兼顾企业可持续发展、中小股东利益，制定科学、可持续的股利分配政策，实现企业长期利益的最大化。

（4）对我国股利分配政策的制度背景研究和取得的经验证据有力表明，在我国实施上市公司现金分红的外部监管与内部治理优化机制的条件已经成熟，实施该优化机制具有制度上的可行性、理论的必要性及现实的可操作性。鉴于此，本书提出了上市公司股利政策外部监管与内部治理优化机制的初步思路。

上市公司股利分配的外部监管与内部治理优化机制的核心是，外部监管与公司微观特征的"对接融合机制"、高管报酬契约与股利政策的"内在联动机制"、控股股东行为监管与股利政策的"良性互动机制"、机构投资者在股利分配政策中的"监督治理机制"。实施该机制的支撑体系包括推进与实施上市公司股利政策的监管规则、规范与完善上市公司股利政策的信息披露、理顺与运行股利政策的决策机制、主流媒体的适度监督。

尽管本书从外部监管、内部治理优化机制的视角对我国上市公司股利政策行为展开了制度研究、政策研究、理论研究与实证研究，挖掘了我国上市公司股利政策行为的制度性影响因素，拓展了"法与金融"视角的公司股利政策研究，丰富了现有股利代理理论研究文献，但由于研究能力、研究时间等限制，本书尚存在以下不足：一是未考虑高管薪酬激励与在职消费中的"隐性"薪酬激励，这些对股利政策也有影响，未来研究中需要将其纳入研究范围；二是未考虑权力激励等新型激励方式，后续可进一步研究；三是由于篇幅的限制，未将优化机制细化为可操作、多角度、多层面的政策指引，从而未给证监会等监管部门的政策制定带来直接借鉴。以上研究的局限和不足为我们后续的学术研究指明了方向。

参考文献

［1］薄仙慧、吴联生：《国有控股与机构投资者的治理效应：盈余管理视角》，载于《经济研究》2009 年第 2 期。

［2］曹向：《现金股利政策、管理者过度自信与公司成长性》，载于《财会通讯》2018 年第 21 期。

［3］曹裕：《产品市场竞争、控股股东倾向和公司现金股利政策》，载于《中国管理科学》2014 年第 3 期。

［4］常亚波：《高管薪酬激励、终极控制权与现金分红研究——基于上证 A 股上市公司的经验证据》，载于《中国注册会计师》2015 年第 1 期。

［5］常亚波：《我国上市公司高管薪酬、现金股利与公司价值研究》，首都经济贸易大学博士学位论文，2015 年。

［6］常亚波、沈志渔：《中国上市公司高管薪酬、现金分红与公司价值》，载于《经济与管理研究》2016 年第 5 期。

［7］陈冬华、梁上坤、蒋德权：《不同市场化进程下高管激励契约的成本与选择：货币薪酬与在职消费》，载于《会计研究》2010 年第 11 期。

［8］陈红、郭丹：《股权激励计划：工具还是面具？——上市公司股权激励、工具选择与现金股利政策》，载于《经济管理》2017 年第 2 期。

［9］陈键：《机构投资者异质性、私下沟通与公司治理》，中国社会科学院研究生院博士学位论文，2017 年。

［10］陈金勇、牛欢欢、杨俊：《监管政策、股东控制与现金股利决策》，载于《哈尔滨商业大学学报》（社会科学版）2019 年第 2 期。

［11］陈明利、伍旭川、梅世云：《企业投资效率、公司治理与公司价值——基于机构投资者参与视角》，载于《企业经济》2018 年第 3 期。

［12］陈燊燊、李华、王银、李群：《股权激励对上市公司现金股利政策的影响》，载于《数学的实践与认识》2019 年第 11 期。

［13］陈晓珊、刘洪铎：《机构投资者持股、高管超额薪酬与公司治理》，载于《广东财经大学学报》2019 年第 2 期。

［14］陈艳、李鑫、李孟顺：《现金股利迎合、再融资需求与企业投资——投资效率视角下的半强制分红政策有效性研究》，载于《会计研究》2015 年第 11 期。

［15］董洁、徐向真、任莉娜：《国有上市公司"分红"政策的双重迎合性研究——来自 A 股国有上市公司 2007—2012 年的经验数据》，载于《东岳论丛》2016 年第 11 期。

［16］窦欢、陆正飞：《控股股东代理问题与上市公司的盈余持续性》，载于《会计研究》2017 年第 5 期。

［17］高磊：《管理层激励、风险承担与企业绩效研究》，载于《财经理论研究》2018 年第 4 期。

［18］高文亮、罗宏、曾永良：《半强制分红政策效应研究——来自中国上市公司的经验证据》，载于《宏观经济研究》2018 年第 8 期。

［19］龚天平：《利益相关者理论的经济伦理意蕴》，载于《上海财经大学学报》2011 年第 6 期。

［20］顾玲艳：《中国民营上市公司控股股东与上市公司利益趋同性研究——来自股权分置改革前与全流通后的比较证据》，载于《商业经济与管理》2015 年第 6 期。

［21］关华、潘明星：《我国股息重复征税及其减除》，载于《管理世界》2011 年第 5 期。

［22］郭慧婷、张俊瑞、李彬、刘东霖：《再融资公司的现金分红和现金流操控研究》，载于《南京审计大学学报》2011 年第 3 期。

［23］郭瑜：《基于半强制分红政策背景的上市公司现金分红行为研究》，南京理工大学硕士学位论文，2016 年。

［24］韩永瑞：《对我国上市公司半强制分红制度局限性的思考》，载于《经济研究导刊》2015 年第 7 期。

［25］何基报：《境内外上市股利政策的差异及原因实证研究》，深圳证券交易所研究报告，2011 年。

［26］何涛、陈小悦：《中国上市公司送股、转增行为初探》，载于《金融研

究》2003 年第 9 期。

[27] 何中:《基于股权流动性和融资约束视角的股利政策和分红监管研究》,江西财经大学博士学位论文,2017 年。

[28] 胡国柳、李伟铭、蒋顺才:《利益相关者与股利政策:代理冲突与博弈》,载于《财经科学》2011 年第 6 期。

[29] 胡秀群、黄芬:《现金股利分配决策中羊群行为研究——基于后股权分置时代中国上市公司经验数据》,载于《财会通讯》2015 年第 6 期。

[30] 胡秀群、吕荣胜:《高管过度自信、过度悲观与股利羊群行为研究》,载于《商业经济与管理》2013 年第 7 期。

[31] 胡援成、卢凌:《机构投资者、企业融资约束与超额现金持有》,载于《当代财经》2019 年第 2 期。

[32] 胡志远:《外部监管、现金分红与中小投资者保护》,载于《当代会计》2014 年第 3 期。

[33] 黄代:《再融资需求、现金股利与中小投资者利益保护》,西南大学硕士学位论文,2018 年。

[34] 黄桂杰:《上市公司控股股东与现金股利政策分析》,载于《商业研究》2012 年第 8 期。

[35] 黄志典、李宜训:《公司治理、现金股利与公司价值》,载于《证券市场导报》2017 年第 3 期。

[36] 姜英兵、于彬彬:《股权分置改革影响控股股东的现金持有偏好吗?》,载于《会计研究》2013 年第 4 期。

[37] 蓝天、殷杰敏:《股息所得税改革的国际经验借鉴》,载于《中国管理信息化》2012 年第 15 期。

[38] 雷根强、沈峰:《股息所得税的改革思路、发展动态及政策启示》,载于《税务研究》2008 年第 12 期。

[39] 黎明、杨欣然:《治理主体动机与现金股利决策》,载于《财会通讯》2016 年第 36 期。

[40] 李常青、魏志华、吴世农:《半强制分红政策的市场反应研究》,载于《经济研究》2010 年第 3 期。

[41] 李刚、张海燕:《解析机构投资者的红利甄别能力》,载于《金融研

究》2009 年第 1 期。

［42］李桂兰、罗诗：《控股股东特征与现金分红：来自中小板上市公司的经验证据》，载于《财经科学》2015 年第 5 期。

［43］李合龙、李海菲、张卫国：《机构投资者持股、会计稳健性与公司价值》，载于《证券市场导报》2018 年第 3 期。

［44］李敬：《基于现金分红监管的市场派现情况分析》，载于《商业经济》2017 年第 9 期。

［45］李敬、姜德波：《再融资需求、监管高压和现金分红》，载于《审计与经济研究》2017 年第 2 期。

［46］李茂良、李常青、魏志华：《半强制分红政策能增加投资者财富吗——基于市场流动性视角的事件研究》，载于《山西财经大学学报》2014 年第 36 期。

［47］李维安、王世权：《利益相关者治理理论研究脉络及其进展探析》，载于《外国经济与管理》2007 年第 4 期。

［48］李翔、邓可斌：《外资控股股东能抑制现金股利隧道效应吗？——基于中国上市公司的实证研究》，载于《产经评论》2014 年第 3 期。

［49］李小荣、张瑞君：《股权激励影响风险承担：代理成本还是风险规避？》，载于《会计研究》2014 年第 1 期。

［50］李增福、林盛天、连玉君：《国有控股、机构投资者与真实活动的盈余管理》，载于《管理工程学报》2013 年第 3 期。

［51］李争光、赵西卜、曹丰、卢晓璇：《机构投资者异质性与企业绩效——来自中国上市公司的经验证据》，载于《审计与经济研究》2014 年第 5 期。

［52］李志军、徐寿福：《投资者法律保护与控股股东控制下的现金股利政策》，载于《上海经济研究》2013 年第 9 期。

［53］梁俊娇、武红强：《股息税差别化征收与公司分红——基于 DID 模型的实证检验》，载于《税收经济研究》2019 年第 2 期。

［54］梁上坤：《机构投资者持股会影响公司费用粘性吗?》，载于《管理世界》2018 年第 12 期。

［55］梁相、马忠：《少数股权占比对上市公司现金股利分配影响研究》，载

于《证券市场导报》2017 年第 4 期。

[56] 廖珂、崔宸瑜、谢德仁：《控股股东股权质押与上市公司股利政策选择》，载于《金融研究》2018 年第 4 期。

[57] 刘爱明、周娟：《高管持股、现金股利与代理成本——基于 2015 年差别化股利税政策的实证检验》，载于《金融与经济》2018 年第 5 期。

[58] 刘淑贤：《高管薪酬、企业分红与企业绩效关系研究》，山东财经大学硕士学位论文，2013 年。

[59] 刘涛、毛道维、宋海燕：《机构投资者：选择治理还是介入治理——基于薪酬—绩效敏感度的内生性研究》，载于《山西财经大学学报》2013 年第 11 期。

[60] 刘星、谭伟荣、李宁：《半强制分红政策、公司治理与现金股利政策》，载于《南开管理评论》2016 年第 5 期。

[61] 刘星、吴先聪：《机构投资者异质性、企业产权与公司绩效——基于股权分置改革前后的比较分析》，载于《中国管理科学》2011 年第 5 期。

[62] 刘义凯：《分红监管政策如何影响上市公司的现金股利政策?》，北京交通大学硕士专业学位论文，2015 年。

[63] 刘银国、焦健、于志军：《国有企业分红、自由现金流与在职消费——基于公司治理机制的考察》，载于《经济学动态》2016 年第 4 期。

[64] 刘有贵、蒋年云：《委托代理理论述评》，载于《学术界》2006 年第 1 期。

[65] 卢雁影、赵双、王芳：《企业现金分红与可持续增长率——基于企业生命周期视角的实证研究》，载于《财会通讯》2014 年第 30 期。

[66] 吕纤、向东进：《现金股利迎合与股价信息效率》，载于《中国地质大学学报》（社会科学版）2017 年第 6 期。

[67] 吕秀华、张峥、周铭山：《交叉上市降低了控股股东与中小股东的代理冲突吗?》，载于《财经科学》2013 年第 8 期。

[68] 罗党论、甄丽明：《民营控制、政治关系与企业融资约束——基于中国民营上市公司的经验证据》，载于《金融研究》2008 年第 12 期。

[69] 罗宏、黄文华：《国企分红、在职消费与公司业绩》，载于《管理世界》2008 年第 9 期。

［70］罗琦、胡志强：《控股股东道德风险与公司现金策略》，载于《经济研究》2011 年第 2 期。

［71］罗琦、彭梓倩、吴哲栋：《控股股东代理问题、现金股利与权益资本成本》，载于《经济与管理研究》2017 年第 5 期。

［72］罗琦、吴哲栋：《控股股东代理问题与公司现金股利》，载于《管理科学》2016 年第 3 期。

［73］罗琦、伍敬侗：《控股股东代理与股利生命周期特征》，载于《经济管理》2017 年第 9 期。

［74］马春爱、肖榕：《企业股利分配中的同群效应研究》，载于《会计之友》2018 年第 23 期。

［75］马鹏飞、董竹：《股利折价之谜——基于大股东掏空与监管迎合的探索》，载于《南开管理评论》2019 年第 3 期。

［76］马其家：《我国上市公司高管激励机制的完善》，载于《当代经济研究》2011 年第 9 期。

［77］莫开伟：《强化现金分红约束，完善监管治理机制》，载于《上海证券报》2018 年第 3 期。

［78］彭丁：《机构投资者、金字塔控制与公司业绩——基于公司代理视角的经验证据》，载于《学术论坛》2015 年第 3 期。

［79］彭利达：《异质机构投资者参与上市公司治理研究——基于上市公司现金分红的视角》，山东大学博士学位论文，2016 年。

［80］皮海洲：《强制分红难治中国股市"圈钱病"》，载于《武汉金融》2011 年第 12 期。

［81］齐鲁光、韩传模：《机构投资者持股、高管权力与现金分红研究》，载于《中央财经大学学报》2015 年第 4 期。

［82］强国令、李曜、张子炜：《创业板上市公司的现金分红政策悖论——基于股利掏空理论的解释》，载于《中国经济问题》2017 年第 2 期。

［83］冉戎、郝颖、刘星：《控股股东利益动机、成长期权与投资时机决策》，载于《管理科学学报》2012 年第 7 期。

［84］任笑笑：《高管薪酬、分红与经营业绩——基于央企上市公司的实证研究》，西华大学硕士学位论文，2017 年。

［85］石宗辉、张敦力：《机构持股与公司现金分红行为研究》，载于《证券市场导报》2015 年第 10 期。

［86］时祎：《央企分红、高管在职消费与公司经营绩效》，载于《石家庄铁道大学学报》（社会科学版）2017 年第 3 期。

［87］司晓红、金钰：《半强制分红政策对上市公司股利政策及再融资的影响》，载于《南方金融》2018 年第 3 期。

［88］孙光国、杨金凤：《机构投资者持股能提高会计信息可比性吗?》，载于《财经论丛》2017 年第 8 期。

［89］孙红梅、黄虹、刘媛：《机构投资、高管薪酬与公司业绩研究》，载于《技术经济与管理研究》2015 年第 1 期。

［90］孙婧雯、张晓岚、张超：《股票流动性、机构投资者与企业并购》，载于《当代经济科学》2019 年第 2 期。

［91］孙琅儒：《现金分红监管政策下股利政策对公司过度投资治理作用研究》，山西财经大学硕士学位论文，2018 年。

［92］谭劲松、林雨晨：《机构投资者对信息披露的治理效应——基于机构调研行为的证据》，载于《南开管理评论》2016 年第 5 期。

［93］唐建新、蔡立辉：《中国上市公司股利政策成因的实证研究》，载于《经济管理》2002 年第 10 期。

［94］唐清泉、罗党论：《现金股利与控股股东的利益输送行为研究——来自中国上市公司的经验证据》，载于《财贸研究》2006 年第 1 期。

［95］田雅婧、赵越、彭斐：《现金分红影响企业创新吗？——基于 2012 年股息税改革的研究》，载于《国际商务财会》2018 年第 12 期。

［96］王彩萍、李善民：《终极控制人、机构投资者持股与上市公司股利政策》，载于《商业经济与管理》2011 年第 6 期。

［97］王国俊、陈浩、王跃堂：《现金股利承诺对控股股东掏空行为的影响—基于委托代理视角的分析》，载于《南京社会科学》2015 年第 7 期。

［98］王国俊、王跃堂：《现金股利承诺制度与资源配置》，载于《经济研究》2014 年第 9 期。

［99］王国俊、王跃堂、韩雪、钱晓东：《差异化现金分红监管政策有效吗？——基于公司治理的视角》，载于《会计研究》2017 年第 7 期。

[100] 王化成、李春玲、卢闯：《控股股东对上市公司现金股利政策影响的实证研究》，载于《管理世界》2007 年第 1 期。

[101] 王怀明、姜珊：《机构投资者持股、财务柔性与企业研发投入》，载于《财会通讯》2019 年第 15 期。

[102] 王谨乐、史永东：《机构投资者、高管变更与股价波动》，载于《管理科学学报》2018 年第 7 期。

[103] 王垒、曲晶、刘新民：《选择偏好与介入治理：异质机构投资者持股与双重股利政策的相互影响》，载于《现代财经》（天津财经大学学报）2018 年第 11 期。

[104] 王敏：《中国上市公司股利政策的影响因素研究》，中南大学博士论文，2011 年。

[105] 王茜、张鸣：《基于经济波动的控股股东与股利政策关系研究——来自中国证券市场的经验证据》，载于《财经研究》2009 年第 12 期。

[106] 王婉菁：《半强制分红政策的市场效应研究——基于迎合假说的实证》，南京农业大学硕士学位论文，2016 年。

[107] 王小泳、孔东民、李尚骜：《现金分红的连续性、投资效率与公司价值——基于面板结构 VAR 模型的实证分析》，载于《中国管理科学》2014 年第 3 期。

[108] 王彦超：《融资约束、现金持有与过度投资》，载于《金融研究》2009 年第 7 期。

[109] 王瑜：《现金分红制度的监管缺失、经验借鉴与内容重构》，载于《证券市场导报》2016 年第 9 期。

[110] 魏刚：《我国上市公司股利政策的实证研究》，载于《经济研究》1998 年第 6 期。

[111] 魏明海、柳建华：《国企分红、治理因素与过度投资》，载于《管理世界》2007 年第 4 期。

[112] 魏诗博：《融资约束、再融资能力与现金分红》，载于《当代财经》2011 年第 8 期。

[113] 魏志华、李常青、吴育辉、黄佳佳：《半强制分红政策、再融资动机与经典股利理论——基于股利代理理论与信号理论视角的实证研究》，载于《会

计研究》2017 年第 7 期。

[114] 魏志华、李茂良、李常青：《半强制分红政策与中国上市公司分红行为》，载于《经济研究》2014 年第 6 期。

[115] 魏志华、吴育辉、李常青：《机构投资者持股与中国上市公司现金股利政策》，载于《证券市场导报》2012 年第 10 期。

[116] 吴春贤、杨兴全：《金融发展、产权性质与现金股利政策》，载于《中央财经大学学报》2018 年第 10 期。

[117] 吴德军、沈彦、欧理平：《股息红利个人所得税差别化政策效应实证分析》，载于《税务研究》2017 年第 7 期。

[118] 吴红卫、王顺丽：《控股股东对高额现金股利政策的影响研究——基于现金股利承诺为基准的数据》，载于《财会通讯》2018 年第 26 期。

[119] 吴敬琏：《建立公司法人制度中的主要问题》，载于《铁道经济研究》1994 年第 2 期。

[120] 吴梦云、潘磊：《从"中国式分红"到"强制分红"：透视我国上市公司高管薪酬与股东分红的异象》，载于《现代管理科学》2012 年第 3 期。

[121] 吴萍萍：《管理层权力与国有企业现金股利政策的关系研究》，福建师范大学硕士学位论文，2016 年。

[122] 吴世农、宋明珍：《论我国上市公司股利政策与产品市场竞争程度的关系——基于定性半强制分红与定量半强制分红的比较研究》，载于《会计之友》2016 年第 18 期。

[123] 吴先聪：《机构投资者影响了高管薪酬及其私有收益吗？——基于不同特质机构投资者的研究》，载于《外国经济与管理》2015 年第 8 期。

[124] 吴晓晖、郭晓冬、乔政：《机构投资者抱团与股价崩盘风险》，载于《中国工业经济》2019 年第 2 期。

[125] 伍晓龙：《半强制分红政策对上市公司现金分红意愿的影响研究——基于主板、中小板的比较》，载于《特区经济》2016 年第 4 期。

[126] 夏宁、刘淑贤：《高管薪酬、企业分红与企业绩效关系研究》，载于《经济与管理评论》2014 年第 4 期。

[127] 夏芸、玉琦彤：《异质机构投资者对高管薪酬的影响研究——来自 A 股上市公司的经验数据》，载于《南京审计大学学报》2018 年第 6 期。

［128］肖振红、韩天阳：《管理者过度自信对上市公司现金股利政策影响的研究》，载于《财会月刊》2016 年第 27 期。

［129］谢军：《现金股利政策、大股东掏空和资源配置：基于公司成长性的分析》，载于《经济评论》2008 年第 6 期。

［130］邢天才、黄阳洋：《生命周期、财务杠杆与现金股利政策》，载于《财经问题研究》2018 年第 8 期。

［131］徐凤菊、李芳、钟娅红：《产权性质、股权结构与现金股利》，载于《财会通讯》2017 年第 30 期。

［132］徐寿福、徐龙炳：《现金股利政策、代理成本与公司绩效》，载于《管理科学》2015 年第 1 期。

［133］薛文博：《国有企业高管薪酬、企业分红与企业绩效关系研究》，载于《北京工商大学学报》（社会科学版）2015 年第 3 期。

［134］杨宝：《高管报酬、股利政策与薪酬契约改进》，载于《财经论丛》2013 年第 3 期。

［135］杨宝、龚小凤、宁青青：《股份全流通推进、控股股东与企业现金分红决策》，载于《经济与管理》2016 年第 4 期。

［136］杨宝、刘莎：《股息税"减半"征收影响了股利政策决策吗？——财税〔2005〕102 号文件的经验证据》，载于《税务与经济》2015 年第 5 期。

［137］杨宝、王海兵、袁天荣：《上市股利政策的外部监管和内部治理：一个耦合机制》，载于《会计论坛》2014 年第 2 期。

［138］杨宝、王议晗：《中国上市公司现金分红统计特征研究——基于 1990—2015 年股息率数据的考察》，载于《重庆理工大学学报》（社会科学）2017 年第 12 期。

［139］杨宝、袁天荣：《股利税"减半"的市场反应研究——基于财税〔2005〕102 的事件研究》，载于《税务与经济》2013 年第 6 期。

［140］杨宝、袁天荣：《政府监管、股利政策与再融资动机》，载于《海南大学学报》（人文社会科学版）2013 年第 31 期。

［141］杨宝、庄恒、甘孜露：《中国证券市场"现金股利之谜"——基于 1990—2015 年上市股利政策数据的考察》，载于《证券市场导报》2017 年第 9 期。

［142］杨汉明、曾森：《基于生命周期视角的现金股利政策研究》，载于《税收经济研究》2015 年第 27 期。

［143］杨俊、陈金勇、孙建波：《监管政策、高管激励与公司现金股利政策》，载于《证券市场导报》2015 年第 4 期。

［144］姚靠华、唐家财、蒋艳辉：《机构投资者异质性、真实盈余管理与现金分红》，载于《山西财经大学学报》2015 年第 7 期。

［145］叶继英、张敦力：《控股股东、高管股权激励与现金股利政策》，载于《财经问题研究》2014 年第 2 期。

［146］叶建芳、郭琳：《关于股息红利个人所得税的几点思考》，载于《税务研究》2010 年第 2 期。

［147］应惟伟、居未伟、封斌斌：《管理者过度自信与公司现金股利决策》，载于《预测》2017 年第 1 期。

［148］余瑶、朱和平：《股权结构、董事会特征与控股股东代理成本——来自江浙民营上市公司的经验数据》，载于《会计之友》2015 年第 3 期。

［149］袁天荣、苏红亮：《上市公司超能力派现的实证研究》，载于《会计研究》2004 年第 10 期。

［150］曾亚敏、张俊生：《2005 股利所得税削减对权益资产价格的影响——以财税［2005］102 号为背景的事件研究》，载于《经济科学》2005 年第 12 期。

［151］曾月明、庄璐彬：《机构投资者持股对中小投资者保护的影响——基于公司层面的实证研究》，载于《财会月刊》2011 年第 30 期。

［152］展凯、陈华：《强制性现金分红政策的合理性研究》，载于《广东金融学院学报》2012 年第 1 期。

［153］占凌徽：《现金股利对上市公司价值影响分析——基于半强制性分红政策实证研究》，西南财经大学硕士学位论文，2016 年。

［154］张琛、刘想：《机构投资者影响了高管变更吗——基于非国有企业的经验证据》，载于《山西财经大学学报》2017 年第 12 期。

［155］张春龙、张国梁：《高管权力、现金股利政策及其价值效应》，载于《管理评论》2017 年第 3 期。

［156］张涤新、李忠海：《机构投资者对其持股公司绩效的影响研究——基于机构投资者自我保护的视角》，载于《管理科学学报》2017 年第 5 期。

［157］张敦力、石宗辉、郑晓红：《自由现金流量理论发展的路径、挑战与机遇》，载于《会计研究》2014 年第 11 期。

［158］张继勋、刘文欢：《行业现金分红压力、股价波动与现金分红决策》，载于《现代财经》2014 年第 3 期。

［159］张水泉、韩德宗：《上海股票市场股利与配股效应的实证研究》，载于《预测》1997 年第 3 期。

［160］张婷、于瑾、吕东锴：《强化现金分红政策的合理性之实证研究——基于投资者回报视角》，载于《证券市场导报》2013 年第 4 期。

［161］张维迎：《中国股票市场存在什么问题?》，载于《港澳经济》1999 年第 7 期。

［162］张文婷：《高管激励对技术创新投入的影响研究》，太原理工大学硕士学位论文，2018 年。

［163］张瑛：《财政部、国家税务总局、证监会联合发布〈关于实施上市公司股息红利差别化个人所得税政策有关问题的通知〉》，载于《涉外税务》2013 年第 4 期。

［164］赵玉芳、余志勇、夏新平等：《定向增发、现金分红与利益输送——来自我国上市公司的经验证据》，载于《金融研究》2011 年第 11 期。

［165］郑或豪：《实施收益管制型政策抑制房地产市场投机性需求》，载于《宏观经济研究》2017 年第 7 期。

［166］周冬华、赵玉洁：《半强制性分红政策与经营活动现金流操控》，载于《会计研究》2014 年第 9 期。

［167］周方召、李凡、张泽南：《机构投资者异质性与公司绩效——基于中国上市公司的经验研究》，载于《商业研究》2018 年第 3 期。

［168］周绍妮、张秋生、胡立新：《机构投资者持股能提升国企并购绩效吗?——兼论中国机构投资者的异质性》，载于《会计研究》2017 年第 6 期。

［169］卓德保、蔡国庆、瞿路航：《基于行业类别视角对上市公司现金分红问题的研究》，载于《中国市场》2014 年第 4 期。

［170］邹建民、伍晶晶：《分红保险会计信息披露：问题及建议》，载于《商业会计》2014 年第 3 期。

［171］左晶晶、唐跃军、眭悦：《第二类代理问题、控股股东制衡与公司创新投资》，载于《财经研究》2013 年第 4 期。

［172］Aboody D. , Kasznik R. . Executive Stock-based Compensation and Firms' cash Payout: The Role of Shareholders' Tax-related Payout preferences. *Review of Accounting Studies*, 2008, 13 (2 – 3): 216 – 251.

［173］Agrawal A. , Jayaraman N. . The Dividend Policies of All-equity Firms: A Direct Test of the Free Cash Flow Theory. *Managerial and Decision Economics*, 1994, 15 (2): 139 – 148.

［174］Allen, Franklin, Antonio E. Bernardo, and Ivo Welch. A Theory of Dividends based on TaxClienteles. *Journal of Finance*, 2000 (55).

［175］Ashenfelter, T. , A. Attfield, C. and Becker, G. , et al. . A Profitable Approach to Labor Supply and Commodity Demands over the Life-cycle. *Econometrica*, 1985 (53).

［176］Auerbach and Alan. Taxation and Corporate Financial Policy, in Alan Auerbach and Martin Feldstein, eds. *Handbook of Public Economics*, 2003 (3).

［177］Baker, M. and Wugler, J. . A Catering Theory of Dividends. *The Journal of Finance*, 2004 (3).

［178］Bennedsen, M. and Wolfenzon, D. . The Balance of Power in Closely Held Corporations. *Journal of Financial Economics*, 2000, 58 (2).

［179］Bhattacharyya N. , Mawani A. , Morrill C. . Dividend Payout and Executive Compensation: Theory and Evidence. *Accounting & Finance*, 2008 (48): 521 – 541.

［180］Bradford, D. E. . The Incidence and Allocation Effects of Tax on Corporate Distribution. *Journal of Public Economics*, 1981 (15).

［181］Brav A. , Graham J. R. and Harvey C. R. , et al. . Payout Policy in the 21st Century. *Journal of Financial Economics*, 2005 (77).

［182］Buchholtz A. K. , Young M. N. , Powell G. N. . Are Board Members Pawns or Watchdogs? The Link between CEO Pay and Firm Performance. *Group & Organization Management*, 1998, 23 (1): 6 – 26.

［183］Crane, A. D. , A. Koch, and S. Michenaud. *Institutional Investor Cliques and Governance.* SSRN Working Paper, 2017.

[184] De Cesari A. , Ozkan N. . Executive Incentives and Payout Policy: Empirical Evidence from Europe. *SSRN Electronic Journal*, 2014.

[185] Dusan, I. Are Founding Families Special Block Holders? An Investigation of Controlling Shareholder Influence on Firm Performance. *Journal of Banking and Finance*, 2014, 41 (4).

[186] Edmans, A. , and C. G. Holderness. *Blockholders: A Survey of Theory and Evidence.* SSRN Working Paper, 2016.

[187] Espen Eckbo B. , Verma S. . Managerial Shareownership, Voting Power, and Cash Dividend Policy. *Journal of Corporate Finance*, 2004, 1 (1).

[188] Faccio, mara. Masulis, Ronald, W. and Mcconnel, John, J. . Political Connection and Corporate Bailouts. *The Journal of Finance*, 2006 (60).

[189] Fama E. F. , French K. R. . Testing Trade – Off and Pecking Order Predictions About Dividends and Debt. *Review of Financial Studies*, 2002, 15 (1): 1 – 33.

[190] Fenn G. W. , Liang J. N. . Corporate Payout Policy and Managerial Stock Incentives. *Journal of Financial Economics*, 2000, 60 (1): 45 – 72.

[191] Geiler P. , Renneboog L. . Executive Remuneration and the Payout Decision. *Corporate Governance An International Review*, 2015, 24 (1): 23 – 32.

[192] Gomes, A. and Novaes, W. . *Sharing of Control versus Monitoring.* PIER Working Paper, University of Pennsylvania Law School.

[193] Grinstein Y. , Michaely R. . Institutional Holdings and Payout Policy. *The Journal of Finance*, 2005, 60 (3).

[194] Gugler, K. and Yurtoglu, B. . Corporate Governance and Dividend Payout in Germany. *European Economic Review*, 2003, 47 (4).

[195] Hayes R. M. , Lemmon M. , Qiu M. . Stock Options and Managerial Incentives for Risk Taking: Evidence from FAS 123R. *Journal of Financial Economics*, 2012, 105 (1).

[196] Jensen M. C. . Agency Costs of Free Cash Flow, Corporate Finance, and Takeovers. *The American Economic Review*, 1986, 76 (2): 323 – 329.

[197] Jiang, G. , Lee, C. M, and Yue, H. . Tunneling through Intercorporate

Loans：The China Experience. *Journal of Financial Economics*，2010，98（1）.

［198］Jiang，G. ，Rao，P. ，and Yue，H. . Tunneling through Non – operational Fund Occupancy：An Investigation based on Officially Identified Activities. *Journal of Corporate Finance*，2015（32）.

［199］Johnson，S. ，La，R. La，Porta. Florencio，Lopez-de – Silanes. and Andrei，Shleifer. Tunneling. *American Economic Review*，2000（90）.

［200］Jouahn Nam，Jun Wang，Ge Zhang. The Impact of the Dividend Tax Cut and Managerial Stock Holdings on Corporate Dividend Policy. *Global Finance Journal*，2010，21：275 – 292.

［201］La，Porta，R. Lopez-de – Silanes，F. and Shleifer，A，et al. . Investor Protection and Corporate Governance. *Journal of financial economics*，2000（58）.

［202］Lasfer，M. Ameziane. Ex-day Behavior：Tax or Short-term Trading Effects. *Journal of Finance*，1995（50）.

［203］Lewellen W. ，Loderer C. ，Martin K. . Executive Compensation and Executive Incentive Problems：An Empirical Analysis. *Journal of Accounting & Economics*，1987，9（3）：0 – 310.

［204］Liljeblom E. ，Pasternack D. . Share Repurchases，Dividends and Executive Options：the Effect of Dividend Protection. *European Financial Management*，2006，12.

［205］Litzenberger，Robert H. ，and Krishna Ramaswamy. The Effects of Personal Taxes and Dividends on Capital Asset Prices：Theory and Empirical Evidences. *Journal of Financial Economics*，1979（7）.

［206］Luo，Q. ，Li，H. ，and Zhang，B. . Financing Constraints and the Cost of Equity：Evidence on the Moral Hazard of the Controlling Shareholder. *International Review of Economics and Finance*，2015，36（3）.

［207］Masulis，R. ，Wang，C. ，and Xie，F. . Agency Problems at Dual – Class Companies. *Journal of Finance*，2009，64（4）.

［208］Miller，M. and Scholes，M. . Dividends and Taxes. *Journal of Financial Economics*，1978（6）.

［209］Minjung，K. . The Association between Related – Party Transactions and

Control – Ownership Wedge: Evidence from Korea. *Pacific – Basin Finance Journal*, 2014, 29 (9).

[210] Mohamed, B.. Excess Control, Agency Costs and The Probability of Going Private in France. *Global Finance Journal*, 2013, 24 (3).

[211] Myers, Stewart C.. and Majluf, Nicholas S.. Corporate Financing and Investment Decision when Firms have Information that Investors do not have. *Journal of Financial Economics*, 1984 (1).

[212] Najah, A.. Multiple Large Shareholders, Control Contests, and Implied Cost of Equity. *Journal of Corporate Finance*, 2008, 14 (10).

[213] Poterba, James M., Summers and Lawrence H.. The Economic Effects of Dividend Taxation. In E. I. Altman, & M. G. Subrahmanyam (Eds.), *Recent Advances in Corporate Finance*. Homewood, 1985.

[214] Raj Chetty and Emmanuel Saez. Dividend Taxes and Corporate Behavior: Evidence from the 2003 Dividend Tax Cut. *The Quarterly Journal of Economics*, 2005 (3): 791 –832.

[215] Rozeff, Michael S.. Growth, Beta and Agency Costs as Determinants of Dividend Payout Ratios. *Journal of Financial Research*, 1982, 5 (3): 249 –259.

[216] Sharma V.. Independent Directors and the Propensity to Pay Dividends. *Journal of Corporate Finance*, 2011, 17 (4): 0 – 1015.

[217] Shleifer, A. and Vishny, R., W.. A Survey of Corporate Governance. *The Journal of Finance*, 1997 (52).

[218] Short H., Zhang H., Keasey K.. The Link between Dividend Policy and Institutional Ownership. *Social Science Electronic Publishing*, 2002, 8 (2).

[219] Tirole J.. The Theory of Corporate Finance. *Economic Journal*, 2010, 116 (515): F499 – F507.

[220] Volpin, P.. Governance with Poor Investor Protection: Evidence from Top Executive Turnover in Italy. *Journal of Financial Economics*, 2002 (64).

[221] William. Freeman R. E.. The Politics of Stakeholder Theory: Some Future Directions. *Business ethics quarterly*, 1994, 104 (2).

[222] Wu, X. and Wang, Z.. Equity Financing in a Myers – Majluf Framework

With Private Benefit of Control. *Journal of Corporate Finance*, 2005, 36（11）.

[223] Zeckhauser R. J., Pound J.. Are Large Shareholders Effective Monitors? An Investigation of Share Ownership and Corporate Performance. *National Bureau of Economic Research*, Inc, 2009.